www.tredition.de

AF216872

Richard Jäger

BEWUSSTSEIN
UND
GEGENWART

© 2016 Richard Jäger, Gablonzer Str. 50, 53359 Rheinbach

Verlag: tredition GmbH, Hamburg

ISBN

Paperback   978-3-7345-1121-9

Hardcover   978-3-7345-1122-6

Printed in Germany

Vorwort

Das Bewusstsein ist ein nach wie vor unverstandenes Phänomen, das jeden Menschen unmittelbar angeht. Nachdem es philosophischer Erklärung bis zum heutigen Tag widerstanden hat, ist das Bewusstsein in den letzten Jahrzehnten verstärkt auch in den Fokus naturwissenschaftlicher Erörterung gerückt, und nicht wenige Wissenschaftler glauben, das naturwissenschaftliche Methodenarsenal sei besser als die Philosophie geeignet, die bislang widerständigsten Teile des Problems endlich zu lösen. Zieht man jedoch ehrlich Bilanz, so wird man zugeben müssen, dass dieser Anspruch bislang nicht eingelöst worden ist. Wohl vergebens hat man die vage Hoffnung gehegt, im Zuge akribischer Aufklärung neuronaler und kognitiver Prozesse würde das Bewusstsein ohne Zuhilfenahme philosophischer Überlegungen, gleichsam aus sich selbst heraus, sein Geheimnis offenbaren. Einige Denker haben den Schluss gezogen, dass naturwissenschaftliche Betrachtungsweisen prinzipiell am Problem der subjektiven Erscheinungsweise der Welt des Bewusstseins scheitern müssen. Dies wiederum würde bedeuten, dass weder naturwissenschaftliches noch philosophisches Denken jemals imstande wären, das Bewusstsein zu begreifen.

Die vorliegende Abhandlung teilt diesen Pessimismus nicht, sondern geht davon aus, dass es der Wissenschaft gelingen kann, das Bewusstsein zu verstehen, und zwar auch ohne die intrinsische, subjektive Erscheinungsweise der bewussten Welt aufgeben zu müssen, wie dies die naturwissenschaftliche Betrachtungsweise nahelegt. Jedoch erweisen sich hierfür philosophische Überlegungen als nötig und hilfreich, die den Unterschied betrachten zwischen der durch die Wissenschaft beschriebenen Wirklichkeit, zu der das Nervensystem gehört, und der phänomenalen Wirklichkeit des Bewusstseins. Es wird sich zeigen, dass ein wesentlicher Unterschied die zeitliche Dimension betrifft.

Zwar haben mehrere Denker in der Vergangenheit auf die Bedeutung der Zeit für das Bewusstsein hingewiesen, unter ihnen Henri Bergson und Edmund Husserl, sowie unlängst Nicholas Humphrey (im vorletzten Kapitel seines Buches "Seeing red"). Sie haben erkannt, dass das Bewusstsein stets einer Gegenwart verhaftet ist, die indes über den Augenblick hinausreicht und unmittelbar Vergangenes und Künftiges umschließt. Man könnte diese Position daher auch als eine subjektiv Präsentistische bezeichnen; das Bewusstsein bewegt sich im Zeitstrom voran und kennt stets nur eine kurze Spanne um seine Gegenwart.

Indem die Naturwissenschaften regelhafte Zusammenhänge zwischen vergangenen, gegenwärtigen und künftigen Beobachtungen herstellen, scheinen sie sich indifferent zu einer ausgezeichneten Gegenwart zu verhalten. Dennoch sind sie über den Experimentator ebenfalls an die Gegenwart gebunden, da dieser die Beobachtungen in seiner subjektiven Gegenwart vornimmt. Deutlich wird dies, sobald eine Messung missglückt. Der Experimentator kann dann nicht in die Vergangenheit zurück reisen, um den Fehler zu korrigieren; stattdessen wird er die exakt gleichen Bedingungen wieder herstellen, um die Messung wiederholen zu können. Dieses den Naturwissenschaften inhärente Paradigma exakter Reproduzierbarkeit erzeugt die Illusion einer nicht ausgezeichneten Gegenwart und in der Folge die Fiktion eines ontologisch zeitgleich existenten Raum-Zeit-Kontinuums.

Wie sich im Laufe dieser Abhandlung herausstellen wird, ist der zeitlichen Dimension in den bisherigen Überlegungen zum Bewusstsein noch nicht der richtige Stellenwert zugemessen worden, denn eine wesentliche Funktion des Bewusstseins besteht darin, aus ontologischer Persistenz epistemische Persistenz zu konstruieren, mithin die Identität des Persistierenden im Zeitverlauf zu erkennen. Im Folgenden soll dann ausgeführt werden, wie dies Erkennen, indem es sich nicht allein auf Dingliches sondern auf alle wahrnehmbaren Qualitäten bezieht, zeitliche Kontinuität generiert und so die phänomenale Wirklichkeit des Bewusstseins konstituiert, die den gegenwärtigen Moment seiner Flüchtigkeit enthebt.

Rheinbach, im Februar 2016
Richard Jäger

Inhalt

1. Phänomenale und wissenschaftliche Wirklichkeit . 11

(a) Begriff des Bewusstseins, phänomenale und wissenschaftliche Wirklichkeit 11

(b) Beziehung zwischen phänomenaler und wissenschaftlicher Wirklichkeit 13

(c) Fragestellung 17

2. Das Bewusstsein als Problem der Philosophie 19

(a) Philosophie und Naturwissenschaft 19

(b) Bewusstsein als naturwissenschaftliches Problem 22

(c) Nutzen und Grenzen einer Philosophie des Bewusstseins 25

3. Die Gegenwärtigkeit des Wirklichen 34

(a) Die Gegenwart in der wissenschaftlichen Wirklichkeit 34

(b) Irrealität des Zukünftigen 36

(c) Irrealität des Vergangenen 38

(d) Diskontinuität der wissenschaftlichen Wirklichkeit 39

4. Temporale Integration als Bewusstseinsmechanismus 42

(a) Kontinuität der phänomenalen Wirklichkeit 42

(b) Der temporale Integrationsmechanismus 44

(c) Qualia als Symbole der temporalen Integration ... 48

(d) Eigentlicher Gegenstand der temporalen Integration 54

(e) Gedächtnis und Zeiterfahrung 59

5. Erklärung bestimmter Eigenschaften des Bewusstseins 63

(a) Begrenzte Kapazität und Aufmerksamkeit 63

(b) Vexierbilder 67

(c) Binokulare Rivalität 69

(d) Visuelle Maskierung, Veränderungsblindheit und Phi-Effekt *70*

6. Zur Funktion des Bewusstseins **74**
(a) Zur Funktion der temporalen Integration *74*
(b) Rolle des Bewusstseins in der Auswahl der Handlung *77*
(c) Anmerkungen zum Problem der Willensfreiheit *82*

7. Zusammenfassung und Schluss **89**
(a) Bewusstsein als zeitliches Problem *89*
(b) Tierisches Bewusstsein und Maschinenbewusstsein *93*
(c) Körper und Seele *96*

Zur Vertiefung empfohlene Literatur **99**

1. Phänomenale und wissenschaftliche Wirklichkeit

(a) Begriff des Bewusstseins, phänomenale und wissenschaftliche Wirklichkeit

Jeder glaubt das Wort "Bewusstsein" zu verstehen. Und doch hat es sich bislang als außerordentlich schwierig erwiesen, den Begriff genauer zu bestimmen. So beschrieb man das Bewusstsein ziemlich vage als denjenigen Zustand, den man einnimmt, wenn es irgendwie "ist" oder "sich anfühlt", Erlebnisse zu haben. Man unterschied einzelne Aspekte des Begriffs wie Wachheit, Aufmerksamkeit, phänomenales Bewusstsein, Zugriffsbewusstsein und Ich-Bewusstein, als könne man den inneren Zusammenhang dieser Teile ignorieren[1]. Man versuchte auch, das Bewusstsein anhand von Kriterien zu bestimmen, die es überdies erlauben sollen, auch nicht-menschlichen Wesen Bewusstsein zuzuschreiben oder abzusprechen[2]. Diese Kriterien waren naturgemäß am menschlichen Bewusstsein angelehnt, da wir Menschen das Bewusstsein ja nur von uns selber und von anderen Menschen kennen; können wir auch nicht in andere Köpfe hineinsehen, so vermögen diese uns doch über ihr Erleben Auskunft zu geben. Und doch ist es nicht klar, weshalb Bewusstsein nur anhand des menschlichen Modells zustande kommen soll, ja ob solche Kriterien es überhaupt in seinem Wesen erfassen. So haben all diese Begriffsbestimmungen bislang nur wenig geholfen, das Phänomen des Bewusstseins befriedigend zu

---

[1] Übersicht im Buch: Chalmers D (1996) The conscious mind. New York: Oxford University Press.

[2] Edelman DB, Seth AK (2009) Animal consciousness: a synthetic approach. Trends Neurosci 32: 476–484.

beschreiben, mit dem doch Jeder selbst so gut vertraut zu sein scheint.

Am Eingang dieser Überlegungen zum Bewusstsein soll daher eine recht grobe Definition stehen, die den Begriff nicht unnötig einschränkt, sondern seinem Facettenreichtum zumindest teilweise Rechnung trägt. Diese Begriffsbestimmung wird sich im Folgenden als nützlich erweisen, insofern sie zu einem tieferen Verständnis des Bewusstseins führen wird.

Unter dem Begriff des Bewusstseins soll zunächst ganz allgemein das "Haben einer Welt" verstanden werden. Diese Welt kann sonach aufgeteilt werden in eine äußere und eine innere. Die äußere Welt umfasst die Dinge und Vorgänge, die von uns mittels unserer Sinne wahrgenommen und bemerkt werden; hierzu gehören auch die anderen Menschen und nicht zuletzt unser eigener Leib mitsamt seinen Sinnesorganen. Die innere Welt besteht aus den Erinnerungen, Phantasien, Gedanken, Träumen, Gefühlen, dem Gefühl des Personseins, und so weiter, kurzum allem, was uns nicht durch unsere Sinnesorgane gegeben ist. Diese Welt des Bewusstseins soll im Folgenden auch als die *phänomenale Wirklichkeit* bezeichnet werden, da sie die Phänomene enthält. Zwar ist auch die innere Welt in gewisser Weise phänomenal gegeben, doch ist die Form dieser Phänomene – besonders evident bei den Gedanken – mitunter schwierig zu fassen. Daher wird im Folgenden der Begriff "innere Welt" zur Abgrenzung von der "äußeren Welt" bisweilen beibehalten.

Diese Definition ist recht allgemein und zunächst noch wenig sagend. Aber sie drückt bereits aus, dass die Welt, über die das Bewusstsein definiert wird, die phänomenale Wirklichkeit, einen subjektiven, perspektivischen Charakter hat.

Da es jedoch darum gehen soll, das Bewusstsein wissenschaftlich zu verstehen, insbesondere, wie es in mir und den anderen Menschen funktioniert und inwiefern es möglicherweise auch in anderen Lebewesen auftritt, so setzt dies voraus, dass jedes dieser anderen Bewusstseine ebenfalls eine subjektive Welt hat, deren äußere sich jedoch mit der äußeren Welt der anderen Bewusstseine überschneidet, da den jeweiligen Weltausschnitten eine Wirklichkeit zugrunde liegt, die nicht-perspektivisch und dem gemeinsamen Diskurs zugänglich ist und unabhängig vom Wahrgenommenwerden persistiert. Diese Welt des Diskurses kann auch als objektive Welt, oder treffender: wissenschaftliche Welt, bezeichnet werden. Sie ist die Welt der überprüfbaren Tatsachen und Zusammenhänge und soll im Folgenden schlicht als die *wissenschaftliche Wirklichkeit* bezeichnet werden, ohne indes zu implizieren, dass äußere oder innere Welt des Bewusstseins unwirklich wären. Die wissenschaftliche Wirklichkeit ist jedoch nicht notwendigerweise phänomenal gegeben; sie enthält *Zusammenhänge*, die anhand von Beobachtungen, Messungen oder von Zeugnissen aufgedeckt oder überprüft werden können.

(b) Beziehung zwischen phänomenaler und wissenschaftlicher Wirklichkeit

Bereits im Alltäglichen versuchen wir im phänomenal Gegebenen das Regelhafte zu erkennen: Zusammenhänge zwischen den Dingen und Ereignissen, deren Erkenntnis allererst zum Verstehen unserer Umgebung führt und uns in den Stand versetzt, sinnvoll unsere Handlungen zu planen, ihre Konsequenzen abzuschätzen, zu erahnen, was künftig auf uns zukommen mag, aber auch schon Erfahrenes zu verstehen und dies Verständnis für die Einschätzung des Künftigen zu nutzen. Schon in unserem Alltag transzendieren wir somit die phänomenale Wirklichkeit. Die wissenschaftliche Wirklichkeit betrachtet ebenfalls zunächst die Phänomene, deren regelhafte Zusammenhänge sie jedoch systematisch ergründet, indem sie durch Abstraktion von gewissen phänomenalen Eigenschaften und durch die Einführung von Messgrößen Vergleichbarkeit schafft und so mathematische Zusammenhänge zu ergründen erlaubt. Die gemessenen oder beobachteten Eigenschaften müssen auch nicht mehr zwingend Elemente der phänomenalen Welt sein, auch wenn sie letztlich, um dem menschlichen Interesse Genüge zu leisten, mit dieser verknüpft sind. Und zwar stehen einerseits die betrachteten Gegenstände mit der phänomenalen Welt in Verbindung, weil sie diese zu verstehen helfen sollen; andererseits müssen die Messwerte oder Beobachtungen durch Messapparaturen in der phänomenalen Welt angezeigt werden, sollen wir etwas mit ihnen anfangen können.

Ganz offensichtlich hängen im Subjekt die verschiedenen Welten eng miteinander zusammen. So beeinflusst die äußere Welt des Bewusstseins dessen innere Welt, beispielsweise indem sie Erinnerungen veranlasst. Es ist aber nicht so, dass die äußere Welt in der inneren gleichsam gedoppelt würde. Es gibt kein Inneres, das die Außenwelt anschauen würde; die Innenwelt besteht ebenso wie die Außenwelt, ohne angeschaut zu werden, und beide sind gleichermaßen gegeben. Der irrige Eindruck, die Außenwelt würde sich in der Innenwelt fortsetzen und gleichsam als Bild betrachtet werden, entsteht, weil unser Nachsinnieren und Reflektieren tatsächlich zur inneren Welt gehören und es im Alltag schwer fällt, die inneren Bilder vom unmittelbaren Erleben der Außenwelt zu trennen.

Umgekehrt vermögen innere Beweggründe, etwa Motive, die aus Überlegungen gewonnen wurden, unseren Körper zu beeinflussen, und mittels des Handelns auch körperfremde Elemente der äußeren Welt. Ferner ist zu beachten, dass die innere Welt nicht synonym mit dem Körperinneren (etwa der Welt hinter den Augen) ist. Auch über verschiedene Vorgänge im Innern unseres Leibes erhalten wir ja durch die Sinne Aufschluss, etwa bei der Wahrnehmung des eigenen Herzschlags oder der Lage unserer Glieder mittels Propriozeption. Das Körperinnere anderer Menschen ist sogar ganz offensichtlich zuweilen Teil der äußeren Welt, insbesondere aus Sicht der Chirurgen. Auch in der Wissenschaft, und hier insbesondere den naturwissenschaftlichen Disziplinen, wird das Körperinnere oftmals zunächst mit den Sinnesorganen, zumeist visuell, untersucht. Die gefundenen Strukturen und Funktionen werden jedoch darüberhinaus mittels Messmethoden erschlossen, die die Gewinnung und Überprüfung von Zusammenhängen gestatten. Hier zeigt es sich, dass die innere Welt mit dem Nervensystem zusammenhängt und ganz allgemein mit der wissenschaftlichen Wirklichkeit eng verwoben ist, indem sie nämlich grundsätzlich den Gesetzen der Physik unterliegt. Deutlich wird dies etwa angesichts der Zeit und Anstrengung, die für Überlegungen und Lernprozesse benötigt werden, sowie anhand der Ermüdung, die bei längerer Geistestätigkeit unweigerlich eintritt. In ähnlicher Weise wie die innere Welt hängt auch die äußere Welt mit dem Nervensystem zusammen. Auf diese enge Verwobenheit weisen beispielsweise die pharmakologische Beeinflussbarkeit der Wahrnehmungen (z.B. durch Drogen), sowie die

Konsequenzen von Gehirnschädigungen (z.B. infolge von Unfällen oder Schlaganfällen) hin. Somit scheint die phänomenale Wirklichkeit des Bewusstseins eng mit der wissenschaftlichen Wirklichkeit verknüpft.

An dieser Stelle lohnt es sich, erneut über das Verhältnis zwischen wissenschaftlicher und phänomenaler Wirklichkeit nachzudenken – erscheint es doch widersprüchlich, dass unser Nervensystem, selber ein Teil der phänomenalen Welt, in der Lage sein sollte, die phänomenale Welt hervorzubringen oder zu enthalten. Und welchen zusätzlichen Platz könnte hier die wissenschaftliche Wirklichkeit dann noch einnehmen? Nun ist die phänomenale Beschreibung des Nervensystems durch unsere Sinne, auch wenn diese durch Apparaturen wie beispielsweise Mikroskope erweitert worden sind, allerdings stets unvollständig und enthält insbesondere keine funktionalen Zusammenhänge. Es ist die vielleicht wichtigste Erkenntnis des Philosophen Dawid Hume (1711–1776), dass Kausalität selbst kein Phänomen ist, sondern stets nur erschlossen werden kann. Aller funktionaler Zusammenhang ist demnach Teil der wissenschaftlichen Welt und in der phänomenalen Welt nicht vorkommend[3]. Wenn also die neuronalen Grundlagen der phänomenalen Wirklichkeit betrachtet werden, so befindet man sich nicht innerhalb der selben Ebene, da es um die phänomenale Wirklichkeit des Nervensystems überhaupt nicht geht, sondern um die wissenschaftliche Wirklichkeit. Der Widerspruch, der darin besteht, dass das Gehirn, selber nur ein "Bild" (Phänomen), die übrigen "Bilder" (die Phäno-

---

[3] Ein funktionaler Zusammenhang erklärt eine Funktionsweise, er beantwortet die Frage "Wie wird Y mittels X herbeigeführt?"; im einfachsten Fall beschreibt er eine regelhafte Beziehung zwischen Ursache und Wirkung.

mene) enthalten solle, auf den der Philosoph Henri Bergson (1859–1941) in seinem Buche "Materie und Gedächtnis" aufmerksam gemacht hat, ist somit nur ein scheinbarer, da in der funktionalen Betrachtung das Gehirn der wissenschaftlichen Wirklichkeit, und nicht der phänomenalen, angehört. (Für uns Heutige stellt dies ohnehin kein Problem mehr dar, dass "Bilder" andere Bilder enthalten sollen: Jeder Speicherchip einer Digitalkamera, selber nur ein "Bild" innerhalb der phänomenalen Wirklichkeit, kann tausende Bilder enthalten – aber eben nicht in der phänomenalen, bildhaften Gestalt.)

(c) Fragestellung

Versuchen wir im Folgenden, das Bewusstsein vom Boden der Wissenschaften aus zu begreifen – und nichts anderes tun wir ja, wenn wir über das Bewusstsein diskutierbare und überprüfbare Aussagen treffen wollen –, so fragen wir nach dem Unterschied zwischen der phänomenalen Wirklichkeit und der wissenschaftlichen Wirklichkeit[4]. Wir fragen insbesondere, was dies Element der wissenschaftlichen Wirklich-

---

[4] Spätestens an dieser Stelle sei darauf hingewiesen, dass die wissenschaftliche Wirklichkeit nicht allein den durch die Naturwissenschaften erforschten, sondern jeden Wirklichkeitsbereich umfasst, über den sinnvoll gesprochen werden kann, also auch die durch historische, soziale und kulturelle Wissenschaften beschriebene Wirklichkeit. Insofern es der Philosophie des Bewusstseins darum zu tun ist, das Bewusstsein wissenschaftlich zu verstehen, ist eine wichtige Säule jedoch die naturwissenschaftliche Wirklichkeit, die über die bloße Deskription hinaus auch mittels experimenteller Methoden erschlossen wird. Die naturwissenschaftliche Betrachtung des Bewusstseins bedient sich indes nicht allein biologischer Methoden und Paradigmen, sondern beispielsweise auch des kognitionswissenschaftlichen und psychologischen Erkenntnisarsenals.

keit, das wir unseren Leib nennen, der wissenschaftlichen Wirklichkeit hinzufügt, um seine phänomenale Wirklichkeit zu erzeugen.

Dabei geht es aber nicht darum, die bewusste Welt – innere wie äußere – in allen ihren Wesensmerkmalen zu beschreiben. Dieser umfangreichen Aufgabe hat sich der Philosoph Edmund Husserl (1859–1938) mit seiner Methode der Phänomenologie schon mit großer Sorgfalt gewidmet. Vielmehr sollen, ausgehend von den Merkmalen der wissenschaftlichen Wirklichkeit, die wesentlichen Unterschiede zwischen wissenschaftlicher und phänomenaler Wirklichkeit aufgewiesen werden, um hierdurch einen Wink zu erhalten, für welche grundlegenden Funktionen des Bewusstseins Mechanismen zu erforschen sein könnten.

2. Das Bewusstsein als Problem der Philosophie

(a) Philosophie und Naturwissenschaft

Nach diesen Vorbemerkungen stellt sich nun die Frage, inwiefern das Bewusstsein überhaupt einen Gegenstand der Philosophie und nicht ausschließlich der Wissenschaften, und zwar der Naturwissenschaften, die das Funktionieren des Leibes zum Gegenstand haben, darstellt. Um diese Frage anzugehen, ist es nützlich, zunächst das Verhältnis von Philosophie und Naturwissenschaft zu beleuchten.

In geläufiger historischer Betrachtungsweise geht die Philosophie den Naturwissenschaften voraus[5]. So werden die frühen griechischen Denker, die Vorsokratiker, für gewöhnlich zu den Philosophen gerechnet, wenngleich solch eine Trennung hier vielleicht noch überhaupt nicht angebracht ist. Denn auch die frühen Philosophen hatten als Ziel, ein Wissen über die Natur, letztlich auch die menschliche Natur, zu erlangen, das weniger auf Überlieferung als auf Nachdenken und Beobachtung beruhte. Philosophie als "Liebe zur Weisheit" von den Naturwissenschaften abzusondern, engt sie demnach viel zu sehr ein. Tatsächlich kann man Philosophie besser als "Bemühung um Wissen" auffassen, und hier wird deutlich, dass es nicht um Überlieferung oder Meinen geht, sondern um ein Wissen, das jederzeit einer kritischen Überprüfung durch Argumente und Beobachtungen standhalten soll. Spätestens in der Neuzeit haben sich die Naturwissenschaften allmählich von der Philosophie emanzipiert, und

---

[5] siehe hierzu: Lindberg DC (2000) Die Anfänge des abendländischen Wissens. München: Deutscher Taschenbuch Verlag.

zwar insbesondere durch die beobachtende und experimentelle Vorgehensweise, sowie die erfolgreiche Einbeziehung mathematischer Methoden in die Theoriebildung[6]. In ihrem Bemühen, in der Erkenntnis der Welt voranzuschreiten, können die Naturwissenschaften in ihrer Gesamtheit als Fortsetzung und Teil der menschlichen Bemühung um Wissen, mithin der Philosophie betrachtet werden. Dies wird insbesondere deutlich, wo die Naturwissenschaften unser grundsätzliches Verständnis der Natur verändert und somit die philosophische Betrachtungsweise beeinflusst haben, beispielsweise unsere Auffassung von Raum und Zeit durch die Relativitätstheorie und unser Verständnis der materiellen Wirklichkeit durch die Quantenphysik. Kein Philosoph kann sich diesen naturwissenschaftlichen Erkenntnissen mehr verschließen. Entsprechend kann eine Philosophie des Bewusstseins nicht ohne Berücksichtigung der Erkenntnisse der Neurobiologie, Kognitionspsychologie und verwandter Disziplinen voranschreiten.

Umgekehrt bedürfen die Naturwissenschaften einer expliziten Philosophie nicht mehr, und nicht wenige erfolgreiche Naturwissenschaftler stehen der Philosophie kritisch, zuweilen ablehnend, mitunter auch ignorant gegenüber, da die Philosophie, nachdem die Naturwissenschaften sich emanzipiert haben, lediglich noch als deren, für das Naturverständnis überflüssiges, Komplement und überhaupt nicht mehr als echte Wissenschaft wahrgenommen wird. Der Philosoph Moritz Schlick (1882–1936) hat in seiner Schrift "Allgemeine Erkenntnislehre" indes darauf aufmerksam gemacht, dass die Philosophie ein System von Prinzipien darstelle, die dem

---

[6] siehe insbesondere das 8. Kapitel in Störig HJ (1954) Kleine Weltgeschichte der Wissenschaft. Stuttgart: Kohlhammer.

wissenschaftlichen Erkenntnisprozess zugrunde liegen, dass sie somit "als deren wahre Seele, kraft deren sie überhaupt Wissenschaften sind" den Wissenschaften innewohne. Allerdings gründet der Erfolg der Naturwissenschaften gewiss nicht auf der expliziten Anwendung philosophisch gewonnener Erkenntnisprinzipien, sondern auf allgemeinen Prinzipien des Schließens und Urteilens, die unserem Alltag nicht weniger als den Wissenschaften zugrundeliegen. Zwar kann die Philosophie diese Prinzipien aus der tätigen Forschung herausschälen und kritisch beleuchten; der Forscher schreitet indes in seinen Erkenntnissen dessen ungeachtet voran, und der Erfolg gibt ihm zumeist recht.

Dennoch stoßen die wissenschaftlichen Paradigmen zuweilen an Grenzen, die ein Bedenken der impliziten Grundannahmen nötig machen. Dies geschah beispielsweise, als die Theorie eines Äthers, als eines einheitlichen zeitlichen Bezugsrahmens, fiel und die spezielle und allgemeine Relativitätstheorie schließlich zu einem neuen Verständnis raumzeitlicher Beziehungen führte; in ähnlicher Weise machten, bei der Analyse der Elementarteilchen zunächst paradox anmutende, experimentelle Befunde ein grundlegendes Überdenken der methodischen Grundannahmen erforderlich, woraus schließlich die Quantenphysik hervorging. Erfolgt das Voranschreiten der Naturwissenschaften somit über weite Strecken gleichsam unbewusst, in der Form nahezu selbständig ablaufender akademischer und wissenschaftlicher Mechanismen, so ist es mitunter angebracht, über den erzielten Fortschritt zu sinnieren; so hat beispielsweise der Physiker Werner Heisenberg (1901–1976) in seinem Buch "Physik und Philosophie" die philosophischen Implikationen der Quantenphysik hinsichtlich unseres Verständnisses der Wirklichkeit, aber auch der experimentellen Methodik, diskutiert. In solchen Fällen werden die Naturwissenschaften sich ihrer stillschweigenden Grundannahmen bewusst, überdenken ihr Woher und Wohin, suchen neuen Halt und Orientierung in philosophischen Betrachtungen, um dann mit frisch gewonnenem Selbstvertrauen weiter voranschreiten zu können. Eine Art von Besinnung tritt ein, und fast möchte man meinen, die Philosophie sei recht eigentlich das Bewusstsein der Wissenschaften.

(b) Bewusstsein als naturwissenschaftliches Problem

In der Erforschung des Bewusstseins befinden sich die Naturwissenschaften gegenwärtig möglicherweise an einem solchen Punkt, der ein Zögern und Überdenken angebracht scheinen lässt. Zum Teil liegt dies sicherlich daran, dass das Bewusstsein ein noch recht junges Problem der Naturwissenschaften darstellt, welches etwa von der über mehrere Jahrzehnte behavioristisch geprägten Psychologie weitgehend ausgeklammert worden war. In der Philosophie hingegen ist das Bewusstsein von jeher ein zentrales Thema geblieben. Freilich sind viele ursprünglich philosophische Themenfelder in der jüngeren Vergangenheit zu Gegenständen der Naturwissenschaften geworden, etwa der Begriff der Materie oder des Lebens, denn die Philosophie erwies sich als weniger tauglich zu ihrer Erörterung als die experimentellen Naturwissenschaften. Insbesondere in der Erforschung des Bewusstseins gebührt der Philosophie jedoch das Verdienst, das Interesse an dem Problem aufrecht erhalten und das begriffliche Instrumentarium ausgelotet zu haben, und dies während einer Zeit, in der die Naturwissenschaften das Bewusstsein weitgehend ignorierten und in der Folge auch heute noch am

Lernen sind, wie es am besten anzugehen ist. Und dies betrifft nicht allein Fragen des experimentelle Vorgehens, sondern insbesondere auch die Frage, was nun unter dem Begriff Bewusstsein eigentlich zu verstehen sein soll und ob solches Verstehen mittels des naturwissenschaftlichen Instrumentariums überhaupt möglich ist.

Dieser Schwierigkeiten ungeachtet machten sich einzelne Forscher undogmatisch daran, das Bewusstsein mittels experimenteller Methoden zu erforschen. Diesen Pionieren der naturwissenschaftlichen Erforschung des Bewusstseins ist gemeinsam, dass sie die subjektiven Berichte ihrer Probanden über Bewusstseinsinhalte als valide wissenschaftliche Daten auffassten und fragten, unter welchen Umständen gegebene Reize bemerkt bzw. unterschieden werden könnten. Einer der wichtigsten dieser frühen Forscher war sicherlich der Neurowissenschaftler Benjamin Libet (1916–2007), der zunächst Beiträge zum Bewusstseinsmechanismus selbst, in einer zweiten Serie experimenteller Arbeiten dann zur bewussten Auslösung willentlicher Handlungen lieferte[7]. In seiner ersten Reihe von Experimenten untersuchte Libet die Bedingungen, unter denen direkte elektrische Reizungen eines sensorischen Gebietes der Hirnrinde von den Probanden als Tastempfindung bemerkt wurden, und fand, dass hierzu eine Reizdauer von rund einer halben Sekunde nötig war. Die Reizungen wurden übrigens von den Probanden in derjenigen Hautregion lokalisiert, deren sensorische Nerven das entsprechende Hirnareal innervieren. Reizungen der Hautregion selbst wurden ebenfalls erst dann als bewusst erlebt, wenn sie im Gehirn

---

[7] zusammenfassend dargestellt im Buch: Libet B (2007) Mind time. Wie das Gehirn Bewusstsein produziert. Frankfurt: Suhrkamp.

neuronale Reaktionen auslösten, die etwa eine halbe Sekunde andauerten. Mit anderen Worten: Jedes bewusste Erlebnis benötigt eine gewisse, kurze Zeitspanne zu seiner Bewusstwerdung. Als erstaunliche Schlussfolgerung ergibt sich, dass uns Reize zeitlich verzögert bewusst werden und unser Gehirn bewusste Erlebnisse rückdatieren muss, um mit der Gegenwart der Sinnesreizungen synchron zu sein. Generell deutet sich an, dass zum Verständnis des Bewusstseins die Berücksichtigung der zeitlichen Dimension wichtig ist.

In die gleiche Richtung weisen inzwischen die Ergebnisse eines Forschungsansatzes, der ursprünglich von zwei weiteren Pionieren der naturwissenschaftlichen Bewusstseinsforschung, Christof Koch (*1956) und dem Nobelpreisträger und Mitaufklärer der DNA-Struktur, Francis Crick (1916–2004), angeregt worden war[8]. Sie schlugen vor, zur Identifizierung neuronaler Korrelate des Bewusstseins die Prozessierung unbewusster (subliminaler) und bewusster Wahrnehmungen im Gehirn zu vergleichen. Mittels einer Reihe scharfsinniger Exprimente gelang es ihnen und mehreren Forschergruppen in der Folge tatsächlich, eine mögliche neuronale "Signatur" bewussten Erlebens zu identifizieren: Moderne bildgebende Verfahren zeigten, dass beim bewussten Erleben weite Bereiche des Gehirns in geradezu einen Ausbruch starker neuronaler Aktivität einbezogen werden, während elektrophysiologische Messungen des Zeitverlaufs dieser Aktivitätsmuster, in Übereinstimmung mit Libets Befunden, ergaben, dass insbesondere die späte Phase dieses Aktivitätsausbruchs für das

---

[8] zusammenfassend dargestellt im Buch: Koch C (2013) Bewusstsein. Bekenntnisse eines Hirnforschers. Berlin-Heidelberg: Springer Spektrum.

Zustandekommen bewussten Erlebens entscheidend ist – hier also abermals Hinweise auf eine verzögerte Bewusstwerdung von Reizen sowie auf die Rolle der zeitlichen Dimension im Bewusstseinsprozess. In seiner ausgezeichneten Zusammenfassung[9] des aktuellen Standes dieser Forschungen bemerkt Stanislas Dehaene (*1965) ein wenig vermessen, das Bewusstsein sei nunmehr von den Naturwissenschaften "geknackt" worden – das soll heißen, dass die Naturwissenschaften inzwischen verstünden, wie das Problem des Bewusstseins anzugehen sei, ohne hierzu der Mithilfe der Philosophie bedürft zu haben.

(c) Nutzen und Grenzen einer Philosophie des Bewusstseins

Wie positioniert sich die Philosophie des Bewusstseins zu diesen naturwissenschaftlichen Ansätzen? Kann sie darüber hinaus etwas zum Verständnis des Bewusstseins beitragen? Oder wird sich eine Philosophie des Bewusstseins nachmalig in der Kommentierung naturwissenschaftlicher Forschungsergebnisse erschöpfen?

Man sollte sich indessen nicht täuschen lassen: Die analytischen Techniken der Neurophysiologie weisen noch nicht das nötige Auflösungsvermögen auf, um die Funktionen der neuronalen Schaltkreise, die mit dem Bewusstsein assoziiert werden, soweit im Detail aufzuklären, dass überhaupt erkennbar werden *könnte*, auf welche Weise sie subjektives Erleben erzeugen. Darüberhinaus sind die bisher am weitesten gediehenen Forschungsansätze noch weit davon entfernt, die Erscheinungsweise der phänomenalen Wirklichkeit auch nur

---

[9] im Buch: Dehaene S (2014) Consciousness and the brain. New York: Viking.

ansatzweise erklären zu können, also etwa, warum wir visuelle Reize als Farben, akustische Reize als Klänge, oder thermische Reize als Wärme oder Kälte erleben. Dies bietet Raum für philosophische Überlegungen, die auf der einen Seite die Forschungsansätze und deren Interpretation kritisch begleiten; auf der anderen Seite kann die Philosophie in fruchtbarer Weise beitragen, indem sie die nach wie vor vorhandenen Lücken im Verständnis des Bewusstseins durch theoretische Konzepte aufzufüllen versucht.

Eine grundsätzliche philosophische Kritik der Aufklärung neuronaler Korrelate oder Signaturen des Bewusstseins setzt bei der Unterscheidung zwischen leichten und schwierigen Problemen des Bewusstseins an, wie sie etwa vom Philosophen David Chalmers (*1966) vorgeschlagen worden ist. Demnach vermögen sämtliche aufgewiesenen neuronalen Mechanismen lediglich die Signalverarbeitung zu erklären, die mit dem Bewusstsein assoziiert ist; deren Aufklärung ist grundsätzlich ein einfaches Problem, das zwar viel Fleiß und Akribie erfordert, dennoch innerhalb der gegenwärtigen Paradigmen geleistet werden kann. Indes bleibe der subjektive Charakter bewussten Erlebens als Folge des objektiven ("Dritte Person") Charakters der naturwissenschaftlichen Analyse ausgeklammert, und das Verständnis der Subjektivität sei das eigentliche, schwierige Problem der Bewusstseinsforschung. Hierfür gebe es noch kein geeignetes Instrumentarium, geschweige denn ein Konzept, wie Subjektivität wissenschaftlich anzugehen sei.

Diese Sichtweise wird zuweilen anhand des Gedankenexperiments des philosophischen Zombies illustriert[10]. Demnach sei die Vorstellung eines Zombies logisch möglich, dessen Körper bis ins Detail genauso aufgebaut sei wie der eines gewöhnlichen Menschen und der sich auch genauso wie dieser in der Welt zurechtfinde – allerdings gleichsam im Blindflug, da ihm Bewusstsein ja fehle. Aus der logischen Möglichkeit solch eines Zombies folgt, dass das Bewusstsein eine von den körperlichen Entitäten und Prozessen grundsätzlich verschiedene Tatsache ist und eben durch die üblichen naturwissenschaftlichen Forschungsansätze nicht aufgeklärt werden kann, insbesondere weil die Erste-Person-Perspektive des subjektiven Bewusstseins niemals aus der Dritte-Person-Perspektive der Naturwissenschaften untersucht werden kann.

Dass dieses Gedankenexperiment eher einem Taschenspielertrick gleicht, da in den Prämissen bereits die Konklusion enthalten ist, wird deutlich, wenn wir uns klarmachen, dass der Zombie ja sämtliche neuronalen Aktivitätsmuster aufweisen müsste, die beim gewöhnlichen Menschen mit Bewusstsein assoziiert sind. Beim Zombie dürften sie indessen *a priori* nicht zum Bewusstsein beitragen – wodurch das ganze Argument zirkulär wird und nurmehr zur Illustration, nicht jedoch als Argument taugt[11].

---

[10] Ursprünglich stammt das Gedankenexperiment von David Chalmers, siehe: Chalmers D (1996) The conscious mind. New York: Oxford University Press.

[11] Man könnte versuchen, das Argument zu retten, indem man voraussetzt, dass beim gewöhnlichen Menschen die Gehirnprozesse auch nicht mit Bewusstsein assoziiert sind; aber dies würde ebenfalls zu einem Zirkelschluss führen.

Ein anderes kritisches Argument wider die naturwissenschaftliche Erklärung des Bewusstseins befasst sich mit den sogenannten *Qualia* (Singular: das Quale) – das sind die qualitativen, subjektiven Gehalte bewusster Erlebnisse, etwa die Erscheinungsweise der Farben beim visuellen Erleben. So kann der Farbensinn zwar naturwissenschaftlich angegangen werden, und auch das objektive Wesen der Farben wird von der Physik erklärt, und zwar als Wellenlänge des Lichts. Aber ich kann nicht wissen, ob ein anderer Mensch die Farbe Rot in ebenderselben Weise wie ich als Röte sieht, oder ob nicht vielmehr sein "Rot-Quale" demjenigen entspricht, das mir als Blau erscheinen würde. Qualia sind also stets etwas Subjektives und Privates und nicht Objekt naturwissenschaftlicher Beschreibung. Daraus scheint zu folgen, dass ihr Zustandekommen prinzipiell nicht naturwissenschaftlich verstanden werden kann, und diese Schlussfolgerung wird mittels eines weiteren, bekannten Gedankenexperimentes gestützt, dem der Physikerin Mary, die mittels raffinierter Vorkehrungen in einem abgeschlossenen Raum aufwächst, in dem die Farbe rot nirgends vorkommt[12]. Mary lernt alles, was es über die Physik der Farbe rot und die Neurophysiologie der menschlichen Farbwahrnehmung zu wissen gibt, mit Hilfe von Lehrmaterialien (Computern, Büchern), in denen jedoch keine rote Farbe vorkommt. Nachdem sie sich alles bekannte Wissen über die Farbe rot angeeignet hat, tritt sie ins Freie. Die Frage ist, ob sie nun, da sie die Farbe rot zum erstenmal erblickt, etwas Zusätzliches lernt. Wird dies bejaht, so folgt daraus, dass alles

---

[12] Das Gedankenargument stammt vom Philosophen Frank Jackson (*1943) und wird ausführlich diskutiert in: Jackson F (1986) What Mary didn't know. Journal of Philosophy 83: 291-295.

naturwissenschaftliche Wissen das Quale "rot", also das subjektive Erleben der Röte, grundsätzlich nicht zu erklären vermag.

Dies zunächst unmittelbar einleuchtende Argument erweist sich bei genauerem Hinsehen wie schon das Zombie-Gedankenexperiment als zirkulär, denn ganz offensichtlich darf "alles bekannte Wissen" schon von vorneherein keine Erklärung des Röte-Erlebnisses enthalten. (Eine solche könnte etwa in einer Anleitung bestehen, wie dies Quale vermittels neuronaler Mechanismen subjektiv erzeugt werden kann.) Man könnte die Einschränkung auf derzeit bekanntes Wissen auch aufheben und von allem jemals bekannten Wissen reden. Dann wird sogleich deutlich, dass schon die Voraussetzung ausschließt, dass das Rot-Quale im physikalischen Wissen enthalten sein kann, wodurch ein logischer Zirkel entsteht.

Es soll an dieser Stelle nicht auf weitere Feinheiten der argumentativen Struktur der beiden Gedankenexperimente eingegangen werden. Die Kontroverse, die über beide noch immer in der Philosophie des Bewusstseins geführt wird, verdeckt leicht, dass philosophische Gedankenexperimente grundsätzlich problembehaftet sind und als Argumente nicht viel taugen. Fast will es scheinen, als wolle die Philosophie durch die Gedankenexperimente die experimentelle Methode der Naturwissenschaften nachahmen. In der Erkenntnis der Natur ist aber das Denken den Tatsachen prinzipiell nachgeordnet, und logische Möglichkeiten oder Unmöglichkeiten können zwar als Hypothesen betrachtet werden, sagen aber zunächst noch nichts über unbekannte Tatsachen aus. Erst der Blick auf die Tatsachen, mittels Beobachtung oder Experiment, vermag über die Zusammenhänge der Welt, d.i. die wissenschaftliche Wirklichkeit, Auskunft zu geben. Dies ist auch ein prinzipieller Einwand gegen analytisches Philosophieren, wofern hier Probleme der wissenschaftlichen Wirklichkeit allein innerhalb der Sphäre der Sprache oder des Denkens bearbeitet werden. Die hierbei oft ins Feld geführte Plausibilität oder Unplausibilität eines Arguments ist kaum ein geeigneter Gradmesser für das Zutreffen von Hypothesen, zumal wissenschaftliche Erkenntnisse sich oftmals überaus unplausibel ausnehmen, so etwa die Konstanz der Lichtgeschwindigkeit oder die Unschärferelation. Die einzige Brücke zwischen dem Denken und der Wirklichkeit ist die Erfahrung, das tatsächliche Beobachten oder Nachprüfen. Man könnte einwenden, dass gerade in der Relativitäts- und Quantentheorie Gedankenexperimente eine wichtige Rolle gespielt haben. Der Fall ist aber anders gelagert, denn die physikalischen Gedankenexperimente untersuchen die Konsequenzen theoretischer Grundannahmen, und ihre Ergebnisse sind Voraussagen über den Ausgang möglicher Experimente, mithin innerhalb der Sphäre der wissenschaftlichen Welt durch Messung überprüfbar.

Das Mary-Argument wirkt noch in weit stärkerem Maße als das Zombie-Argument überzeugend, weil es derzeit einfach noch kein Konzept gibt, wie die subjektiven Qualia objektiv zu verstehen sein könnten. Wie können wir die "Röte von rot" in Worte fassen? Die "Erklärungslücke", die hier zutage zu treten scheint, betrifft die begriffliche Erklärung des Bewusstseins, insbesondere der Subjektivität, des "wie es für mich ist". Dies ist aber ein genuin philosophisches Problem, und nur weil das Problem noch schlecht verstanden ist, kann nicht gefolgert werden, dass es niemals gelöst werden kann. Sobald die begriffliche Erklärung gelungen ist, würde auch das "schwierige Problem" zu einem der "leichten Probleme" der Bewusstseinsforschung.

Indes kann die begriffliche Erklärung grundsätzlich, als implizite philosophische Reflektion, auch innerhalb der Naturwissenschaften geleistet werden. Es ist nicht unwahrscheinlich, dass die aufgewiesenen neuronalen Signaturen des Bewusstseins, etwa anhand auffälliger Strukturen oder Aktivitätsmuster, früher oder später Hinweise auf ihre Funktion liefern werden, ganz ähnlich wie die Aufklärung der DNA-Struktur Hinweise auf das Funktionieren der Gene gab, und zwar sowohl auf den Vervielfältigungs- und Weitergabemechanismus als auch auf die Weise, in der die gespeicherte Information zelluläre Funktionen steuern könnte. So leitet Stanislas Dehaene von der bei bewusster Wahrnehmung über weite Bereiche des Gehirns verteilten neuronalen Aktivität die Idee ab, das Bewusstsein bestehe in der konzertierten Verarbeitung neuronaler Information durch verschiedene, jeweils unbewusste Auswertungsprogramme, die ihre Prozessierungsergebnisse mit den übrigen Programmen austauschen. Indes lehnt Dehaene sich hier ausdrücklich an die vom Kognitionspsychologen Bernard Baars (*1946) bereits formulierte "Global Workspace"-Theorie an, ein Modell des Bewusstseins, das auch in der Philosophie des Bewusstseins seit längerem diskutiert wird.

Ganz offensichtlich scheint demnach zumindest derzeit die naturwissenschaftliche Erforschung des Bewusstseins noch von der Philosophie des Bewusstseins profitieren zu können, nämlich indem die Philosophie theoretische Konzepte des Bewusstseins erarbeitet oder diskutiert und nach kritischer Reflektion ein geschärftes begriffliches Instrumentarium bereit stellt. Darüberhinaus erörtert die Philosophie die Konsequenzen für das Verständnis des Menschen und der Welt, die sich aus der naturwissenschaftlichen und philosophischen Bewusstseinsforschung ergeben.

Tatsächlich ist für die Philosophie das Verstehen des Bewusstseins seit jeher ein zentrales Anliegen. So hängt mit der Natur des Bewusstseins auch unsere Auffassung von der menschlichen Seele zusammen, auch wenn der Begriff der Seele schlecht definiert und problembehaftet ist: Ist die Seele leiblich, oder kann sie unabhängig vom Körper persistieren, und wie hängt sie mit dem Körper und der übrigen Welt zusammen (psycho-physisches Problem)? Wie vermag die Seele (oder unser Bewusstsein) den Körper zu beeinflussen (Problem der mentalen Verursachung)? Wie kann es sein, dass wir aus freien Stücken handeln, wo doch die physikalische Welt, zu der unser Leib gehört, determiniert zu sein scheint (Problem von Freiheit und Determinismus)? Haben auch Tiere oder andere Organismen eine Seele oder ein Bewusstsein? Können Maschinen (Computer, Roboter) ein Bewusstsein haben? Schlussendlich geht es um die große philosophische Frage: "Was ist der Mensch?"

Im Vergleich hierzu geben sich die Anliegen der naturwissenschaftlichen Erforschung des Bewusstseins ungleich bescheidener. Es geht um das Verständnis komatöser Zustände, etwa um die Frage, ob ein Koma-Patient noch Reste von Bewusstsein hat oder wie seine Aussichten sind, das Bewusstsein wieder zu erlangen; weiterhin um das Verständnis und möglicherweise die Behandlung geistiger Störungen, die den Bewusstseinsmechanismus betreffen, seien diese psychiatrischer Natur oder die Folge von Hirnschäden aufgrund von

Demenz, Schlaganfällen oder Schädelverletzungen; es geht auch um Fragen der künstlichen Intelligenz und um die Erfindung von "Neuro-Prothesen", etwa zur Überwindung sensorischer oder kognitiver Einschränkungen, möglicherweise auch zur Erweiterung der kognitiven Leistungsfähigkeit; es geht um Maschinen, die selbständig zu lernen und zu agieren vermögen. Dies sind Themenfelder von gesellschaftlicher Relevanz, mit der die Finanzierung der kostenintensiven naturwissenschaftlichen Erforschung des Bewusstseins gerechtfertigt werden kann. Philosophische Überlegung nimmt sich dagegen sehr viel preisgünstiger aus und wird gleichwohl weitaus kritischer hinsichtlich ihrer Daseinsberechtigung hinterfragt. Dabei kann die naturwissenschaftliche Bewusstseinsforschung erheblichen Nutzen aus philosophischen Ansätzen ziehen und würde vermutlich ohne philosophische Schützenhilfe schwerlich ins Ziel finden. Denn, teilweise schon vorhersehbar, treten im Zuge der Forschungen konzeptionelle Probleme zutage, mit denen die Philosophie schon länger vertraut ist und für deren Lösung sie möglicherweise bereits die begrifflichen Werkzeuge parat hält.

3. Die Gegenwärtigkeit des Wirklichen

(a) Die Gegenwart in der wissenschaftlichen Wirklichkeit

Das Bewusstsein befindet sich immer in der Gegenwart. Mit anderen Worten: Die phänomenale Wirklichkeit scheint nur in der Gegenwart zu bestehen. In der Melodie folgt jeder neue Ton dem gerade verklungenen, und so immer fort; das Bewusstsein folgt der Melodielinie, stets sich nur des gegenwärtigen Tons bewusst. Und doch reicht diese Gegenwart ein Stückweit in die unmittelbare Vergangenheit hinüber. Denn die Töne der Melodie stehen nicht unverbunden nebeneinander; der vergangene Ton scheint im gegenwärtigen Augenblick nachzuklingen, und nur so kann die Melodie als zusammenhängend wahrgenommen werden. Mithin kennen wir die zeitliche Ausdehnungslosigkeit der Gegenwart in Wahrheit nicht aus der phänomenalen Welt. Das Konzept einer ausdehnungslosen, allein wirklichen Gegenwart ist eher aus der Erfahrung der Flüchtigkeit der phänomenalen Welt *erschlossen*. Denn das Vergangene ist kein Phänomen mehr außerhalb unserer Erinnerung; die Zukunft existiert noch nicht als Phänomen und kann bestenfalls vorausgeahnt oder berechnet werden.

In der wissenschaftlichen Wirklichkeit kommt die ausdehnungslose Gegenwart ebenfalls nicht vor. Definieren wir die Gegenwart anhand des Zugleichseins der sich in ihr befindlichen Ereignisse, so ist spätestens seit der Relativitätstheorie klar, dass eine solche Bestimmung lediglich innerhalb eines bestimmten Bezugssystems sinnvoll ist; denn zwei Ereignisse, die im einen Bezugssystem gleichzeitig zu sein scheinen, werden im relativ zu diesem bewegten Bezugssystem an zwei verschiedenen Zeitpunkten gemessen. Doch auch innerhalb eines Bezugssystems gleichzeitig erscheinende Vorgänge sind in Wirklichkeit voneinander zeitlich getrennt, da das Licht Zeit braucht, um die Raumstrecke zwischen beiden zu überbrücken. So ist der Blick in den Sternenhimmel stets ein Blick in die Vergangenheit, und über die – relativ zu meiner irdischen Uhr – gleichzeitig in stellarer Entfernung sich ereignenden Geschehnisse kann ich niemals etwas wissen. Dasselbe gilt auch innerhalb meines unmittelbaren Gesichtskreises, wenngleich die Zeitintervalle hier unmessbar klein sind. Schließlich setzt auch die Quantenphysik der zeitlichen Ausdehnung der Gegenwart eine untere Grenze, und zwar durch die Unschärferelation.

Tatsächlich scheint in der relativistischen Physik die durch Minkowski-Diagramme dargestellte Raum-Zeit dafür zu sprechen, dass Vergangenheit, Gegenwart und Zukunft gleichermaßen real sind, und nicht allein die hypothetische, ausdehnungslose Gegenwart, wie uns von der phänomenalen Welt nahegelegt wird. Weiterhin überbrücken physikalische Gesetze die Zeit, verknüpfen Vergangenes mit Künftigem, ganz als ob vergangene, gegenwärtige und künftige Ereignisse real vorliegen würden, da die einen mithilfe der anderen berechnet werden können. Und auch ein durchs Teleskop blickender Astronom wird schließen, dass diejenigen Geschehnisse, die er als Gegenwart auf einem fernen Planeten sieht, sich in Wirklichkeit bereits ereignet haben, ebenso die unmittelbar danach folgenden. Mithin ist alles, was er sieht, schon geschehen – er blickt in die Vergangenheit, als wäre sie noch existent, und was ihm künftig erscheint, wäre doch in Wirklichkeit bereits geschehen, die Zukunft gleichsam vorbestimmt.

Und dennoch erblickt der Astronom ja stets nur einen gegenwärtigen Augenblick und niemals die gesamte Zeitfolge. Er spürt sozusagen den vor Urzeiten abgeschossenen Pfeil im Augenblick des Auftreffens, aber nicht während des Flugs. Es erscheint sogar sinnlos oder widersprüchlich, die "gleichzeitige" Existenz einer ganzen Zeitfolge anzunehmen. Die Wirklichkeit der Zeitreihe ergibt sich lediglich innerhalb der wissenschaftlichen Welt und erscheint hier als ein Hilfsmittel oder Substrat der mathematischen Betrachtung der Raumzeit. Ganz allgemein erfolgt in der Physik jeder Messvorgang an einem bestimmten Zeitpunkt, und zwar im Augenblick der Wirkung des zu messenden Ereignisses auf das Messinstrument[13]. Diese Wirkung erfolgt nur in der Gegenwart des Messvorgangs, denn wir können keine bereits vergangenen Ereignisse messen. Auf vergangene Messergebnisse oder Beobachtungen können wir nur zugreifen, wofern sie dokumentiert und somit in unserer Gegenwart verfügbar sind.

(b) Irrealität des Zukünftigen

Überlegen wir nochmals am Beispiel des in die Vergangenheit blickenden Astronomen, inwiefern die Zukunft real, und somit bereits vorbestimmt, sein könnte. Der Astronom könnte ja zur Annahme verleitet werden, auch seine eigene Zukunft wäre in ebenderselben Weise wie die des entfernten Planeten schon festgelegt, da er ja selber möglicherweise ebenfalls von einem fernen, in der Zukunft befindlichen extraterrestrischen Beobachter betrachtet werden könnte. Doch

---

[13] So erklärt Moritz Schlick in seinem Buch "Allgemeine Erkenntnislehre" den bestimmbaren Zeitpunkt eines Ereignisses als ein Kriterium des Wirklichen.

ist die tatsächliche Situation nicht symmetrisch, sofern wir von einer Richtung der Zeit ausgehen: Dann bewegt der Astronom in seiner Gegenwart sich relativ zum umgebenden Weltall nämlich an der äußersten Grenze der Zeit – derselben Grenze wie der ferne Beobachter. Beide, Astronom und Beobachter könnten jeweils nur das jeweils vergangene Abbild des Anderen erblicken; sie befänden sich, für immer getrennt, auf Inseln der Gegenwart, einsam aufragend inmitten des unüberwindlichen Meeres der Vergangenheit.

Das bereits Geschehene auf dem fernen Planeten erlaubt Voraussagen künftiger Geschehnisse nach Maßgabe physikalischer Gesetze. Denn retrospektiv muss das Eingetretene, auch wenn es dem auf der Erde befindlichen Astronomen noch nicht bekannt ist, den physikalischen Gesetzen genügen. Es gibt, ganz wie auf der Erde, Unsicherheiten der Vorhersage, die teilweise der unvollständigen Kenntnis aller Einflussgrößen geschuldet, teilweise statistischer oder quantenphysikalischer Natur sind. Und so kann der Astronom nur innerhalb gewisser Grenzen voraussagen, was künftig auf dem fernen Planeten geschehen wird – auch wenn es sich in Wahrheit schon ereignet hat. Die gleiche Art von Unsicherheit besteht auch auf der Erde hinsichtlich der Ereignisse, die sich noch nicht ereignet haben. Mithin spielt es für die Physik überhaupt keine Rolle, ob die Zukunft vorherbestimmt ist oder nicht. Diese Frage geht über die Physik und über die Naturwissenschaften hinaus bzw. ist von diesen nicht entscheidbar. Die Physik kann operieren, als wäre die Zeit eine existente Dimensionalität, ganz wie es uns einleuchtet, dass der Raum existiert, auch wo wir ihn noch nicht betreten haben. Die Hypothese, dass es in der Welt einen Anbeginn der Zeit gegeben hat, führt indes dazu, für meinen Weltausschnitt die Nichtexistenz der Zukunft zu folgern; die Atome, aus denen ich bestehe, sind so alt wie das All selbst, und somit befinde ich mich gleichsam an der Außenkante der werdenden Zeit, welche ich als die Gegenwart bezeichne.

(c) Irrealität des Vergangenen

Wesentlich einleuchtender erscheint es, dem Vergangenen Realität zuzusprechen; denn es hat sich ja "tatsächlich" ereignet, ist durch Spuren oder Dokumente belegt. Doch auch hier täuscht die belegbare Faktizität über den Grad der Ungewissheit des Vergangenen hinweg. In den Naturwissenschaften kann die unmittelbare Vergangenheit von Ereignissen oft recht genau bestimmt werden. Doch je weiter in Richtung Vergangenheit man die Bestimmung versucht, um so mehr nehmen die Unwägbarkeiten zu, da wir auch hier schon allein infolge der limitierten Zahl an Spuren oder Informationen, ganz analog zur Berechnung der Zukunft, nicht über sämtliche mögliche Einflussgrößen im Bilde sind. So gibt es mehrere mögliche Vergangenheiten, die ein gegenwärtiges Ereignis erklären können. Deutlich wird dies etwa in der Paläontologie, die ja insgesamt eine sehr spekulative Wissenschaft darstellt und durch neu entdeckte Spuren häufig genötigt wird, ihr Bild der Vergangenheit zu revidieren. Können wir mit Fug behaupten, die Vergangenheit sei als Ganzes existent, wo wir ihrer doch nur anhand punktueller Dokumente und Spuren gewiss sein können? Wenn schon präzise Zeitangaben nicht möglich sind und somit Gleichzeitigkeit sich stets auf ein umso größeres Zeitintervall bezieht, je weiter wir uns in der Vergangenheit zurückbewegen? Doch selbst die uns noch nahen Geschehnisse werden recht bald vage. So können wir über den Gesichtsausdruck Harry Trumans bei der Unterzeichnung des Abschlussprotokolls der Potsdamer Konferenz lediglich mutmaßen; wo welcher Soldat sich während einer Schlacht befand, lässt sich meistens nicht mehr sagen, und allenfalls der Ausgang der Kämpfe ist bekannt. Solche Details, wofern nicht dokumentiert, sind für immer verloren. Diese Abwesenheit feinerer Details gerade in den historischen Wissenschaften belegt vielleicht am ehesten die Flüchtigkeit des Augenblicks, somit die Unwiederbringlichkeit der Vergangenheit, auch in der wissenschaftlichen Wirklichkeit. Um historische Tatsachen rekonstruieren zu können, müssen Spuren oder Dokumente bis in unsere Gegenwart reichen.

(d) Diskontinuität der wissenschaftlichen Wirklichkeit

Wie oben angedeutet, beziehen sich die Naturwissenschaften streng genommen stets auf augenblickliche Messergebnisse, die somit nur in der Gegenwart des Messvorgangs real sind und später lediglich als Dokumente oder Protokolle die Zeit überbrücken. Die unteren zeitlichen Grenzen der Messdauer sind häufig schon durch die Messgröße und die Empfindlichkeit der Messvorrichtung vorgegeben. So bestimmt letztere die zur Messung nötige Energiemenge. Eine prinzipielle untere Grenze der Messdauer wird indes durch die Quantenphysik festgelegt. Im Fall der Lichtmessung ist etwa die Zeit zur Bestimmung der Energie eines Photons, die ja seiner Frequenz entspricht, aufgrund der Unschärferelation nicht beliebig kurz. Man kann sich dies auch klarmachen, indem man die Wellennatur des Lichts betrachtet; zur Frequenzmessung bedarf es mindestens der Messung einer halben Periode. Dies bedeutet, je kürzer das Messintervall, umso unsicherer die Messung, und bei zeitlich unausgedehnter Gegenwart wäre der Informationsgehalt der Messung gleich null. Mithin ist die reine, unausgedehnte Gegenwart unwissbar.

Physikalische Messungen beziehen sich somit stets und ausschließlich auf eine Gegenwart, die jedoch prinzipiell nicht völlig ohne Dauer ist, sondern eher ein äußerst kurzes Gegenwartsintervall darstellt. Jedes gemessene Ereignis kann daher als ein kurzes, vom nächsten Messzeitpunkt separates Ereignis betrachtet werden. Selbst bei einer kontinuierlichen Messung würde jedem Zeitpunkt ein einzelner, je gegenwärtiger Messwert entsprechen, und nur anhand der Dokumentation der Messwerte kann der sie verbindende Funktionszusammenhang erschlossen werden. In der wissenschaftlichen Wirklichkeit ist somit stets nur zeitliche Diskontinuität aufweisbar, da jede Aussage sich auf ein distinktes Messergebnis bezieht, das zu einem bestimmten Zeitpunkt vorliegt.

In der naturwissenschaftlichen Untersuchung des Bewusstseins können die Sinnesorgane, in Verbindung mit dem ihnen zugeordneten Nervensystem, gleichsam als die Messinstrumente aufgefasst werden. Analog zur Messung können wir die Gegenwart auf den Zeitpunkt der Reizpräsentation beziehen, das Messergebnis ist der subjektive Bericht über die Wahrnehmung. Wie für die physikalischen Messinstrumente gilt dann eine untere Grenze der Messdauer, die zum Teil prinzipieller Natur, meistens aber der Empfindlichkeit des Sinnesorgans bzw. der seiner Sinnes- oder nachgeschalteter Nervenzellen geschuldet ist. Aus der von Libet erstmals aufgewiesenen, zum Entstehen der bewussten (berichtbaren) Wahrnehmung notwendigen Reizdauer folgt, dass die Gegenwart der phänomenalen Wirklichkeit zur Gegenwart der wissenschaftlichen Wirklichkeit in einem bestimmten zeitlichen Verhältnis steht. Jedes Messergebnis, d.i. jeder subjektive Bericht, stellt ein vom folgenden gesondertes Ereignis dar, das auf ein gleichfalls je gesondertes Reizereignis bezogen ist. Auch wenn es infolge der Prozesshaftigkeit der zur Bewusstwerdung beitragenden neuronalen Ereignisse nicht möglich ist, den genauen Augenblick des Ereignisses zu bestimmen, der dem Zeitpunkt der Bewusstwerdung entspricht, so steht jedes neuronale Ereignis in bestimmter zeitlicher Beziehung zur Reizpräsentation, genauso wie das Sinnesorgan; denn jedes einzelne Neuron kann wiederum selbst als ein Meßinstrument aufgefasst werden. Die in den Synapsen vorliegenden, afferenten Signale sind die jeweiligen, zu messenden Ereignisse, und der Zeitpunkt der Auslösung des Aktionspotentials würde sozusagen der Gegenwart des jeweiligen Messwerts entsprechen. So finden wir, trotz der zeitlichen Ausdehnung der neuronalen Prozesse über mehrere Stufen, in der wissenschaftlichen Betrachtung des Bewusstseins überall stets nur diskontinuierliche, gegenwärtige Augenblicke, bei denen es sich indes, aus den genannten prinzipiellen oder empirischen Gründen, eher um äußerst kurze Zeitintervalle handelt.

4. Temporale Integration als Bewusstseinsmechanismus

(a) Kontinuität der phänomenalen Wirklichkeit

Bewusstsein ist das Haben einer Welt, die auch als phänomenale Wirklichkeit bezeichnet werden kann. Als bewusstes Subjekt finde mich also in einer Welt. Betrachte ich meine äußere Welt: Hier finde ich mich umgeben von Dingen. Ich kann sie sehen, ich kann sie anfassen und fühlen. Ich höre Geräusche oder Töne, und ich habe gelernt, sie ihren Ursachen zuzuordnen, die ich ebenfalls als Dinge weiß. Auch wenn ich spüre, ob etwas warm oder kalt ist, oder mir ein spitzer Gegenstand weh tut, so weiß ich, dass da dieses Warme oder Kalte oder ein Wehtun ist. Betrachte ich meine innere Welt: Sie ist erfüllt von Bildern, Stimmen, Musik, Gedanken. Auch hier weiß ich, dass da etwas ist, nämlich in einem sehr weiten Sinne Vorstellungen. Diese Dinge, Vorstellungen, Empfindungen weiß ich von einem Moment zum nächsten in zeitlichem Zusammenhang stehend, ich weiß sie als die selben. Der Garten vor mir ist nicht in jedem Augenblick ein neuer, sondern ich erlebe ihn, ja weiß ihn als durchgängig den selben. Die Blumenstengel wiegen im Wind, die Blätter an den Bäumen bewegen sich, aber obgleich sie zwischen verschiedenen Augenblicken stetig ihre Lage ändern, weiß ich stets, dass dies in jedem Moment die selben Blumenstengel sind und die selben Blätter. Ebenso der Vogel, der soeben über mich weg fliegt: Ich halte ihn im Blick, und er ist immer der selbe. Und sein Ruf ist zwar soeben verklungen, aber während ich ihn vernahm, wusste ich, dass es der eine Ruf war, auch wenn seine Tonhöhe sich veränderte. Diese Kontinuität, die meine Welt auszeichnet, mag in der Persistenz der Dinge begründet liegen. Strenggenommen bleibt aber keines der wahrgenommenen Phänomene sich selber wirklich gleich, sondern allenfalls ähnlich, so dass die Persistenz der Dinge selbst nicht wahrgenommen werden kann, sondern erschlossen werden muss. Diese objektive Persistenz der Gegenstände oder Objekte ist mithin selber kein Phänomen, sondern eine Abstraktion, die somit der wissenschaftlichen Wirklichkeit angehört. Bezogen auf die phänomenale Wirklichkeit ist es daher treffender, von Kontinuität zu reden, und aus der Kontinuität folgern wir auf die Persistenz bestimmter Eigenschaften der Dinge.

Ich erlebe also die Welt als zeitlich kontinuierlich, und diese Kontinuität steht ganz offensichtlich im Gegensatz zur punktuell gegenwärtigen, diskontinuierlichen wissenschaftlichen Wirklichkeit, deren kontinuierlicher Verlauf allenfalls aus den punktuellen Ereignissen erschlossen werden kann, ähnlich der Berechnung einer Regressionsgeraden aus einer Menge von Punkten des Koordinatensystems. Man könnte nun die Konstanzleistungen des Wahrnehmungsapparates zur Erklärung der phänomenalen Kontinuität heranziehen, doch sind sie hierfür offensichtlich nicht ausreichend. Denn auch das infolge dieser Mechanismen Gleiche könnte ja in jedem neuen Augenblick ein Anderes sein, das nur gleich erscheint.[14] Das Gleiche muss darüberhinaus noch als Identi-

---

[14] Auch wenn wir in der wissenschaftlichen Wirklichkeit durch noch so detaillierte Messungen feststellen, dass ein Gegenstand an zwei konsekutiven Zeitpunkten exakt die selben Eigenschaften hat: könnte es sich nicht dennoch um zwei unterschiedliche, aber exakt gleiche Gegenstände handeln? Dies Problem der epistemischen Persistenz berührt den Substanzbegriff, der vom Philosophen Immanuel

sches, als *Selbes* erkannt werden, um die Kontinuität erklären zu können. Dieses Erkennen der Identität des Gleichen geschieht so unmittelbar, dass wir es für gewöhnlich übersehen und auch kaum noch merken, dass es eigentlich alles andere als selbstverständlich ist. Es handelt sich aber um ein wichtiges Merkmal des Bewusstseins, ohne das keine Welt gegeben wäre: Das unmittelbare Wissen, dass dies oder jenes phänomale Objekt, dies Ding oder jenes Vorstellungsobjekt, im nächsten Augenblick kein anderes, nicht fortwährend und immerzu ein neues ist, bewirkt erst, dass wir überhaupt um Dinge wissen, dass wir eine Welt haben. Somit ist das Erzeugen von Kontinuität wesentliches Merkmal des Bewusstseins, das ja der eingangs gegebenen, groben Definition gemäß darin besteht, eine Welt zu haben.

(b) Der temporale Integrationsmechanismus

Die von der Diskontinuität der wissenschaftlichen Wirklichkeit fundamental verschiedene Kontinuität der phänomenalen Welt betrifft sämtliche Sinnesmodalitäten. Im Visuellen erfahre ich beispielsweise das unbewegte Objekt, etwa dies Bild an der Wand, als kontinuierlich das selbe; aber auch ein bewegtes Objekt, etwa das Auto, das vor mir die Straße entlang fährt, weiß ich durchgängig als das selbe, auch wenn seine Position relativ zur Umgebung, seine Gestalt und Helligkeit, ja sein Farbeindruck je nach Entfernung und Perspek-

---

Kant (1724–1804) in seinem Werk "Kritik der reinen Vernunft" aus dem reinen Verstandesbegriff ("Kategorie") der "Inhärenz und Subsistenz" abgeleitet und der empirischen Zeit als ihr "Substratum" zugrunde gelegt wird, an dessen Modifikationen Veränderung erst erkennbar wird.

tive sich wandeln. Selbst ein so flüchtiges Gebilde wie das Feuer erachte ich zu jedem Zeitpunkt als das selbe Feuer, trotz seiner wechselnden Gestalt. Nochmals gesagt: Die objektive Identität (oder Persistenz) ist eine erschlossene; am Zustandekommen der visuellen Ähnlichkeit sind gewisse wahrnehmungspsychologische Konstanzleistungen beteiligt. Aber dass ich jederzeit davon ausgehe, dass dies konstant Erscheinenden nicht nur ein Gleiches, sondern immer das *Selbe* ist, geschieht unwillkürlich und ist mit der Aussage gleichbedeutend, dass ich um dies Erscheinende weiß, es für mich da, es mir bewusst ist.

Folglich muss es einen Mechanismus geben, der die Aspekte der phänomenalen Welt des gegenwärtigen Augenblicks mit den *gleichartigen* Aspekten des gerade verflossenen Augenblicks assoziiert und so ihren zeitlich Zusammenhang, ihre Kontinuität herstellt. Dieser die Objekte von Augenblick zu Augenblick verbindende Mechanismus soll im Folgenden als *temporale Integration* bezeichnet werden; er basiert auf einer *Identifizierung*, nämlich des Ähnlichen in der Abfolge des Wechselnden. Hierdurch generiert die temporale Integration die als kontinuierlich erlebte, phänomenale Welt.

So bedingt die temporale Integration die Objekthaftigkeit oder Dinglichkeit visueller Wahrnehmungen, und zwar sowohl bei unbewegten Dingen als auch bei den bewegten, wie oben bereits dargelegt. Selbst wenn ich um einen Gegenstand herumgehe, ihn sukzessive aus verschiedener Perspektive betrachte, bleibt er für mich stets ein und derselbe Gegenstand. Auch wenn ich den Blick über das Panorama meiner Umgebung schweifen lasse, ist die Umgebung doch in jedem Augenblick eine einzige Umgebung und nicht gesondert in konsekutive, separate Weltausschnitte. Da sich dieser Perspektivwechsel in der Zeit vollzieht, ist die Identität nicht eine innerhalb eines einzigen Moments konstatierte, sondern sie bezieht sich auf zeitlich distinkte, sukzessive Wahrnehmungsinhalte, die jedoch bruchlos als eine einzige Umgebung erlebt werden.

Besonders einleuchtend ist die Bedeutung der temporalen Integration im Akustischen. Höre ich beispielsweise ein Orchesterstück, so vermag ich die einzelnen Instrumentengruppen herauszuhören. Anhand ihres Klangs vermag ich den Melodielinien zu folgen, und deren Zusammenhang entsteht, indem in jedem gegenwärtigen Moment der vergangene noch nachklingt – in einer Art Herüberklingen des Vergangenen in die Gegenwart zeigt sich die temporale Integration. Und sie geschieht nicht ungeordnet. Stets wissen wir, welcher gegenwärtige Klang den soeben verklungenen fortsetzt. Möglicherweise ist der temporale Integrationsprozess so auch die Voraussetzung des Verstehens der Sprache, indem er den Zusammenhang der gesprochenen Laute erzeugt.

Ebenso beruht die taktile Wahrnehmung der Rauheit oder der Glattheit auf der Verbindung der Einzelempfindungen beim Entlangstreichen an einer Oberfläche, und auch die fortwährende Empfindung der Wärme oder Kälte eines Gegenstandes setzt die zeitliche Integration der augenblicklichen Empfindungen voraus. Schließlich könnte auch das Wehtun des Schmerzes auf der temporalen Integration der augenblicklichen Schmerzerfahrungen während eines Zeitintervalls beruhen. Dies ist konsistent mit der Ansicht, dass der instantan vergessene, d.i. der jeden Augenblick nur gegenwärtige Schmerz überhaupt nicht als schmerzhaft empfunden würde.

In ähnlicher Weise ist die temporale Integration an der inneren phänomenalen Welt beteiligt, die ja ebenfalls aus mit sich selbst für geraume Zeit identisch bleibenden, in Zusammenhang stehenden Vorstellungen besteht, seien diese visueller, akustischer oder anderer Natur. Die temporale Integration generiert den Zusammenhang der Vorstellungen, sie macht, dass eine persistente Vorstellung an den konsekutiven Zeitpunkten als eine identische erlebt wird. Möglicherweise generiert die temporale Integration gar den Zusammenhang der inneren Welt, den wir als unser Ich-Bewusstsein erleben.

So schlägt der Mechanismus der temporalen Integration eine Brücke zwischen Vergangenheit und Gegenwart, erzeugt eine zeitliche Dimension im zeitlos Augenblicklichen. Die temporale Integration gemahnt hiermit an Bergsons Begriff der "Dauer" des gegenwärtigen Erlebens und an Husserls Begriff der "Retention" des unmittelbar Vergangenen im gegenwärtigen Bewusstsein. Beide Denker haben bemerkt, dass die Gegenwart des Bewusstseins nicht lediglich einen zeitlich ausdehnungslosen Moment umfasst, sondern in zeitlich benachbarte Momente herüber reicht. Das Konzept der temporalen Integration geht über diese phänomenologische Feststellung hinaus, indem die temporale Integration in der Identifzierung des Gleichartigen in den Folgemomenten besteht. Ich weiß, dass dies gleichartig Erscheinende kein Anderes ist als im vorigen Augenblick; ich weiß um die Dinge, sie sind mir in ihrem Zusammenhang als Welt bewusst.

Dabei bewirkt solch ein Mechanismus, der die phänomenale Welt, mithin das Bewusstsein erzeugt, eine starke Vereinfachung der Wahrnehmung des Wirklichen: er generiert Objekte, die nicht in jedem Augenblick als etwas Neues und

Anderes, abermals zu Erfassendes und neu zu Bewertendes erlebt werden. Somit kann das Bewusstsein als ein ökonomischer Wahrnehmungsmechanismus verstanden werden, der es uns erleichtert, uns in der Wirklichkeit zurecht zu finden.

(c) Qualia als Symbole der temporalen Integration

Ein weiteres Merkmal, wodurch sich die phänomenale von der wissenschaftlichen Wirklichkeit unterscheidet, sind die Qualia, die wir grob als die subjektive Erscheinungsweise phänomenaler Gegenstände definieren können, also etwa, auf welche Weise wir Wärme empfinden oder wie für uns ein Musikinstrument klingt. Nicht zuletzt aufgrund der Schwierigkeiten einer genauen begrifflichen Bestimmung der Qualia haben einige Wissenschaftler und Philosophen den Qualiabegriff kritisiert, ja bezweifelt, dass den Qualia wirklich etwas Eigenständiges oder Elementares entspreche. Indes wird jeder Tinnitus-Patient dem zustimmen, dass in seiner phänomenalen Wirklichkeit störende akustische Qualia vorkommen, die nicht einmal objektgebunden sind und dennoch nicht geleugnet werden können. Auch bestimmte visuelle Störungen, wie etwa Aura-Phänomene bei Migräneanfällen, zeigen deutlich, dass die visuelle Wahrnehmung Elemente enthält, denen kein wirkliches Objekt entspricht und die als qualiahaft erlebt werden. Auch in unseren Träumen erscheint uns die Traumwelt in Form von Qualia.

Der Philosoph Daniel Dennett (*1942) hat auf die Inkonsistenzen des Qualiabegriffs hingewiesen und hieraus abgeleitet, dass der Qualiabegriff nicht sinnvoll sei, da ihm nichts intrinsisch Wirkliches entspreche[15]. Als ein Argument wird die Veränderungsblindheit herangezogen. So entgeht es uns für gewöhnlich, wenn innerhalb einer bildhaften Szenerie regelmäßig die Farbe eines bestimmten Objekts wechselt, sofern die abwechselnden Einzelbilder jeweils durch ein sehr kurz gezeigtes Zwischenbild getrennt werden. Sobald, nach vielfachen Wechseln, der Farbunterschied an der einen Stelle schließlich irgendwann bemerkt worden ist, vermögen wir nicht anzugeben, ob wir die Farbe zuvor oder erst im Augenblick des Bemerkens des Unterschiedes gesehen haben, mithin wissen wir über unsere Farbqualia nicht sicher bescheid. Indes ist diese Schlussfolgerung, wie auch die mancher ähnlich gelagerter Experimente, nicht zwingend. Denn das Experiment befasst sich eher mit dem Bemerken von Unterschieden als mit dem Vorhandensein von Qualia. Wie kann ein so deutlicher Unterschied unserer Aufmerksamkeit entgehen? Um eine Aussage über Qualia zu treffen, hätte man eine weniger komplexe Szenerie zeigen müssen, beispielsweise homogene Farbflächen. Würde dann der Farbwechsel ebenfalls übersehen werden? Kann überhaupt in Frage gestellt werden, dass man die Farbe *irgendwie* sieht?

Anders als bei der Farbwahrnehmung fällt es beim Geschmackssinn schwer, gleichsam elementare Qualia aufzuweisen, die nicht weiter zerlegbar sind. Der Feinschmecker vermag nach einiger Übung in den zunächst amorphen Geschmacksqualia weitere Feinheiten herauszuschmecken, und es ist nicht sicher, ob diese qualiahaften Erlebnisse auf die elementaren Geschmacksqualitäten zurückführbar sind

---

[15] siehe das Buch: Dennett DC (2005) Sweet dreams. Philosophical obstacles to a science of consciousness. Cambridge: MIT Press.

und als aus ihnen zusammengesetzt erlebt werden. Aber eben die unterschiedlich tiefen oder detailreichen Geschmackserlebnisse weisen darauf hin, dass diese Erlebnisse tatsächlich subjektiv, dass sie qualiahaft sind.

Der Qualiabegriff drückt also tatsächlich etwas aus, auch wenn es schwierig ist, ihn positiv und konsistent zu definieren und anzugeben, was genau er ausdrückt. So ist es beispielsweise nicht klar, ob der Genuß, den wir bei wohlschmeckenden Speisen empfinden, ein zusätzliches Quale ist, das von der eigentlichen Geschmacksempfindung abgesondert werden kann. Das Konzept der Qualia aufgrund solcher Schwierigkeiten zu verwerfen, erscheint in etwa ebenso übereilt, als hätte man den Atombegriff aufgegeben, sobald es sich zeigte, dass die wirklichen Atome keineswegs der ursprünglichen Anschauung unteilbarer, monolithischer Entitäten entsprechen.

Wir haben also guten Grund, die Qualia ernst zu nehmen, und es sollte darum zu tun sein, sie anhand der Bewusstseinsmechanismen zu erklären. Zwar scheint das Mary-Gedankenexperiment der Möglichkeit einer wissenschaftlichen Erklärung der Qualia zu widerstreiten; doch ist dies Argument, wie oben gezeigt, fehlerhaft. Indes lässt noch ein weiteres Gedankenexperiment die Möglichkeit einer wissenschaftlichen, intersubjektiven Erklärung der Qualia zweifelhaft erscheinen, das Argument des invertierten Spektrums[16]. Diesem Gedankenexperiment zufolge könnte es sein, dass ein anderer Mensch die Farben auf gänzlich andere Weise erlebt als beispielsweise ich selber. Was ich als rot bezeichne, und

---

[16] diskutiert in: Shoemaker S (1982) The inverted spectrum. Journal of Philosophy 79: 357-381.

als Rot-Quale, somit als Röte erlebe, könnte einem Anderen durchgängig als blau erscheinen; doch würde er es konsequent ebenfalls als rot bezeichnen. Niemals wird es mir möglich sein, sein Rot-Quale zu sehen, und somit können die Erste-Person-Qualia nicht aus einer Dritte-Person-Perspektive beschrieben oder erklärt werden.

Zunächst ist anzumerken, dass das Argument weder bestreitet, dass es visuelle Qualia gibt, noch in Frage stellt, dass diese mit bestimmten Gegenständen der wissenschaftlichen Wirklichkeit nach gewissen Regeln zusammenhängen. Hierzu müsste man das Gedankenexperiment noch weiter treiben und etwa annehmen, dass ein anderer Mensch anstelle der mir bekannten visuellen Qualia optischen Reizen akustische Qualia (Klänge) zuordnete, das heißt Farben hören würde. Tatsächlich gibt es die umgekehrten Synästhesien, wo Töne oder Klänge Farbwahrnehmungen hervorrufen; doch können Betroffene sehr wohl die Unterscheidung zwischen akustischen und visuellen Erlebnissen treffen, da der Gesichts- und der Gehörsinn außerdem noch die gewöhnlichen Qualia-Arten hervorbringen. Die Frage, die zu stellen wäre, lautet etwa, ob ein Mensch, dessen Auge an den Hörnerv transplantiert worden ist, die Welt plötzlich in Form von Tönen sehen – oder doch nur hören – würde. Und dann wäre die nächste Frage, ob die Struktur des Raumes und die Farbe, Gestalt und räumliche Beziehung der Gegenstände im Raum durch akustische Qualia adäquat abgebildet werden könnte.

Mit dem Gedankenexperiment des invertierten Spektrums soll vielmehr gezeigt werden, dass die subjektiven visuellen Qualia selber einer wissenschaftlichen Analyse unzugänglich sind. Indes geht das Gedankenexperiment von vorneherin

davon aus, dass spezifische Farbqualia und spektrale Sinnesreize nur lose, also nicht mit Notwendigkeit einander zugeordnet sind. Dies ist jedoch alles andere als gewiss, zumal die
Annahme einer solchen losen Verknüpfung für die übrigen
Sinnesmodalitäten zumeist in ernste Schwierigkeiten führen
würde. Würden wir Töne anders hören, etwa in umgekehrten
Tonhöhen oder Intervallen, so würden nicht nur die Klangfar-
ben verändert, sondern die musikalischen Strukturen selbst
zerstört werden; würden wir Schmerzhaftes als angenehm und
Angenehmes als schmerzhaft empfinden, so wäre die Bedeutung der jeweiligen Empfindung ins Gegenteil verkehrt. Der
Zusammenhang visueller Qualia mit den optischen Reizen ist
zwar noch nicht verstanden, doch kann *a priori* nicht behaup-
tet werden, ein Verständnis sei prinzipiell unmöglich.

Nach diesen einleitenden Betrachtungen könnte ein erster
Schritt in der Erklärung der Qualia darin bestehen, sie überhaupt verständlich zu machen, das heißt nicht zu erklären, wie
spezifische visuelle oder akustische Qualia in ihrer je eigenen
Erscheinungsweise zustande kommen, sondern allererst zu
verstehen, was Qualia eigentlich sind und welche Stelle sie in
der wissenschaftlichen Wirklichkeit einnehmen könnten.
Gehen wir in einer wissenschaftlichen Betrachtung davon aus,
dass es einen neuronalen Mechanismus gibt, der das Bewusstsein, mithin die phänomenale Welt, erzeugt, und weiter, dass
die Qualia Merkmale des Bewusstseins bzw. der phänomenalen Welt sind, so liegt es nahe, dass der Bewusstseinsmechanismus für das Zustandekommen der Qualia verantwortlich
ist. Nun ist die temporale Integration am Zustandekommen
der phänomenalen Welt beteiligt und ist mithin ein Mechanismus des Bewusstseins. Somit lautet die grundsätzliche
Hypothese, dass die Qualia durch die temporale Integration

generiert werden. Am Beispiel der visuellen oder der akustischen Wahrnehmung wird dies klarer. Das Gleiche, das von Moment zu Moment gebunden wird, besteht im Visuellen in der Farbe, im Akustischen im Klang. Was wir als eine bestimmte Farbe an einem Gegenstand erkennen, ist die im Zeitverlauf als identisch wahrgenommene Lichtwellenlänge, die vom Gegenstand abgestrahlt wird; was wir als Klang erleben, ist das im Zeitverlauf als gleichartig und zusammengehörig empfundene Tonmuster. Farbe oder Klang sind Ausdruck, Symbol der temporalen Integration. An sich detektieren Auge oder Ohr ja nur die Wellenlänge des Lichts bzw. des Tons. Aber indem die als gleichartig wahrgenommenen – farb- bzw. tonlosen – Wellenlängen über die Zeit verbunden werden, entstehen die entsprechenden Qualia der Farbe oder des Klangs – unser Wissen um die zeitlich zusammengehörigen spektralen oder tonalen Empfindungen. Die temporale Integration spannt durch Hinzuziehen der Zeitachse gleichsam einen Raum höherer Dimension auf, um aus dem linearen visuellen bzw. akustischen Spektrum den Farb- bzw. Klangraum zu erzeugen.

Eine weitere Frage ist, ob die Qualia eher auf Seiten der inneren phänomenalen Welt denn auf Seiten der äußeren Welt stehen. So neigen wir zwar dazu, Farbqualia den Gegenständen zuzuschreiben, Klangqualia den außer uns liegenden Tönen. Erfühlen wir hingegen die Wärme oder Kälte eines Gegenstands, so ist nicht mehr klar, ob das Warm-Quale nun dem Gegenstand oder als Wärme-Empfindung unserer inneren Welt zuzuordnen ist. Tatsächlich wird zuweilen zwischen solchen Qualia unterschieden, die Informationen über Dinge beinhalten, wie Farb- oder Tonqualia, und solchen, die Auskunft über innere Zustände geben, wie etwa Gefühle oder

Schmerzqualia. Doch sind nicht auch Farben oder Klänge im Grunde eher innere Zustände, die durch Erregungsmuster auf der Netzhaut bzw. in der Cochlea lediglich angeregt und den Objekten nachmalig zugeordnet oder vielleicht auch zu deren Konstitution herangezogen werden? Der Psychologe und Philosoph Nicholas Humphrey (*1943) hat auf diesen inneren Charakter der Qualia in seinem Buch "Seeing red" aufmerksam gemacht. Wenn somit Qualia Symbole temporal integrierter innerer Zustände sind, so wird hieraus die scheinbare Plausibilität des Arguments des invertieren Spektrums nachvollziehbar, da die inneren Zustände ja nur indirekt den Objekten zugeordnet würden, folglich beliebig sein könnten.

(d) Eigentlicher Gegenstand der temporalen Integration

Worauf also bezieht sich die temporale Integration? Welches sind die inneren Zustände, die als gleichartige oder zusammengehörige über die konsektiven Momente zusammengeführt werden? Den Qualia, die wir in der äußeren phänomenalen Wirklichkeit erleben, liegen in der wissenschaftlichen Wirklichkeit letztlich physikalische Entitäten zugrunde, wie Licht, Luftschwingungen, Wärme, Kraft für optische, akustische, thermische oder taktile Wahrnehmungsgegenstände. Jedoch ergaben zahlreiche wahrnehmungspsychologische Experimente, dass die qualitative Wahrnehmung dieser Entitäten sowohl vom Kontext der Umgebung, als auch von unserem Wahrnehmungsapparat abhängt. So gibt es Illusionen, in denen objektiv gleiche Farb- oder Grauwerte im Kontext umgebender Farb - bzw. Grauwerte als verschiedenfarbig (bzw. verschieden grau) erlebt werden, mithin mit unterschiedlichen Farbqualia assoziiert sind. Umgekehrt können verschiedenfarbige Flächen je nach Umgebung und Lichtverhältnissen unter Umständen farblich gleich erscheinen. Mithin fügt der Wahrnehmungsapparat den physikalischen Messgrößen (Lichtmenge und -frequenz) noch etwas hinzu, um die Qualia zu erzeugen. Temporal integriert werden somit weder die gleichartigen physikalischen Entitäten, noch die von diesen hervorgerufenen primären Sinnesdaten: Die temporale Integration bezieht sich auf bereits vom Wahrnehmungsapparat analysierte Sinnesdaten. Mit der uns umgebenden, wissenschaftlichen Wirklichkeit hängen diese über das Nervensystem zusammen; im weiteren Sinne kann die Gesamtheit neuronaler Prozesse innerhalb eines betrachteten Augenblicks, die mit einem sensorischen Ereignis in Zusammenhang stehen, als neuronales Erregungs- oder Aktivitätsmuster, oder kurz: neuronales Muster, bezeichnet werden. Der Integrationsmechanismus kann sich demnach nur auf die temporale Verknüpfung konsekutiver neuronaler Aktivitätsmuster beziehen. Diese Muster, selber Elemente der wissenschaftlichen Wirklichkeit, sind ebenso dunkel oder stumm wie die die Sinnesorgane affizierenden physikalischen Reize, die ebenfalls der wissenschaftlichen Wirklichkeit angehören; nirgends gibt es in der diskontinuierlichen wissenschaftlichen Wirklichkeit Qualia. Folglich gehen diese erst aus der temporalen Integration einander ähnlicher neuronaler Aktivitätsmuster hervor, die selber mit den wahrgenommenen Aspekten der physikalischen Wirklichkeit in Beziehung stehen.

Somit ist zur Erklärung des Bewusstseins ein neuronaler Mechanismus zu postulieren, dessen Funktion es ist, konsekutive neuronale Muster zu vergleichen, in ihnen ähnliche Sub-Muster zu identifizieren und diese so miteinander in Beziehung zu setzen. Auf welche Weise ein solcher temporaler

Integrationsmechanismus im Nervensystem implementiert sein könnte, ist derzeit unbekannt und kann nicht durch philosophische Spekulation geklärt werden. Sinnvollerweise wird man annehmen dürfen, dass die Muster vergangener Augenblicke etwa durch permanente Wiederholung aufrecht erhalten und mit den gegenwärtigen Mustern in einer Art Interferenz wellenartiger Erregung überlagert werden. Weiterhin ist anzunehmen, dass mittels einer Taktung lediglich eine begrenzte Anzahl konsekutiver, je separater Muster identifiziert und aufrecht erhalten und in die Integration einbezogen würde. Die Anzahl der pro Takt einbezogenen, vergangenen Muster könnte mit ihrer zeitlichen Nähe zum aktuellen Muster korrelieren. In der Auswahl der gebundenen Muster, also dem Auffinden von den vergangenen ähnlichen Strukturen im aktuellen Muster, würde unmittelbar zuvor erfolgten Integrationen in der Integration der nachfolgenden Muster ein höheres statistisches Gewicht zugemessen werden, so dass der Integrationsprozess gleichsam in die Vergangenheit gerichtet wäre. – Eine Schwierigkeit eines derartigen temporalen Integrationsmechanismus besteht darin, dass das Symbol der Identifizierung ähnlicher Muster nicht wiederum selbst lediglich ein gegenwärtiges Muster sein kann, da die Identifizierung sich kontinuierlich weiter vollzieht und nicht beim augenblicklichen Muster stehen bleibt. Dies Symbol muss wie ein Etikett mit den einander ähnlichen konsekutiven Mustern assoziiert sein, hat daher eine zeitliche Dimension, vielleicht in Gestalt einer Art Resonanz sukzessiver Muster. Hieraus wird klar, dass die Qualia ihrem Wesen nach gänzlich anderer Natur sind als die momentanen neuronalen Muster.

Weil soeben vergangene neuronale Muster in die Integration des jeweils gegenwärtigen einbezögen würden, benötigte ein derartiger temporaler Integrationsmechanismus eine bestimmte Zeitdauer, was die von Libet beschriebene minimale Erregungsdauer erklären könnte, die zur Hervorrufung bewusster Wahrnehmungen erforderlich ist. Ein Ausdruck der umfangreichen, sich vollziehenden neuronalen Mustervergleichungs- und Integrationsprozesse könnte die langandauernde und weite Bereiche des Gehirns einbeziehende, synchrone und wellenartige Erregung sein, die als Signatur des Bewusstseins beschrieben worden ist. Welche neuronalen Strukturen hieran beteiligt sein könnten, ist ebenfalls unklar. Eine Rolle spielen könnte möglicherweise das unlängst von Crick und Koch mit Bewusstseinsmechanismen in Verbindung gebrachte Claustrum, eine dünne Nervenschicht in einer bestimmten Region unterhalb des Cortex, die weitläufig und umfangreich in reziproker Weise mit cortikalen und subcortikalen Gehirnregionen verknüpft ist und daher in temporalen Mustervergleichen involviert sein könnte[17].

Der postulierte temporale Integrationsprozess ist von anderen, schon seit längerer Zeit diskutierten Integrationsprozessen, die im Zustandekommen bewusster Wahrnehmungen eine Rolle spielen könnten (und zuweilen, nicht ganz passend, als "temporale Bindung" bezeichnet wurden[18]), fundamental verschieden. Bei diesen geht es um die Integration sensorischer Information zu einer einheitlichen Wahrnehmung, also beispielsweise um die Zuordnung separater Eigenschaften wie Form, Farbe und Bewegung zu einem einzigen Wahrneh-

---

[17] Crick FC, Koch C (2005) What is the function of the claustrum? Philos Trans R Soc Lond B Biol Sci 360: 1271–1279.

[18] siehe: Engel AK, Fries P, König P, Brecht M, Singer W (1999) Temporal binding, binocular rivalry, and consciousness. Conscious Cogn 8: 128–151.

mungsobjekt. Auf neuronaler Ebene wurde dies auf die Bildung von Koalitionen synchron feuernder Neuronenverbände in spatial und funktional unterschiedlichen Gehirnregionen zurückgeführt; deren Zusammenwirken und wechselseitiger Informationsaustausch soll nicht allein Objekte konstituieren, sondern darüberhinaus Bewusstsein als einen "Global Workspace" oder als "integrierte Information"[19] erzeugen. Das Zustandekommen der qualiahaften phänomenalen Welt wird indes nicht erklärt. Im Unterschied hierzu bezieht sich der temporale Integrationsmechanismus auf die zeitliche Komponente solcher zeitgleich aktiver, koalierender Neuronenverbände, und das Bewusstsein resultiert aus der Generierung temporaler Beziehungen zwischen ihren augenblicklichen Mustern. Während also die klassische Bindung sich gleichsam auf "Gegenwartsscheiben" von Mustern koalierender Neuronenverbände bezieht, verknüpft die temporale Integration diese konsekutiven "Gegenwartsscheiben", indem sie zwischen ihnen einander ähnliche Muster identifiziert, und Ausdruck der Identität sind die Qualia und die phänomenale Welt.

Übrigens war das klassische Bindungskonzept der Herausbildung synchronisierter neuronaler Koalitionen deswegen erforderlich, weil die Analyse und Detektion verschiedener Objekteigenschaften – im Visuellen beispielsweise Farbe, Form, dreidimensionale Gestalt, Bewegungsgeschwindigkeit und -richtung – in distinkten Subregionen des jeweiligen Wahrnehmungsapparates, also gewissermaßen zentrifugal erfolgt. Somit bedarf es eines Weges, diese separaten Analy-

---

[19] beschrieben in: Tononi G (2008) Consciousness as integrated information: a provisional manifesto. Biol Bull 215: 216–242.

seergebnisse wieder zusammenzuführen und sie gleichsam zentripetal auf ein einziges Objekt zu beziehen (bzw. ein solches zu konstituieren), und also solcher wurde synchronisierte Aktivität der beteiligten Neuronen vorgeschlagen. Ein solcher Mechanismus beinhaltet zahlreiche grundsätzliche Schwierigkeiten, wie etwa die Detektion der synchronen Nervenaktivität sowie die nötige zeitliche Auflösung zu deren Detektion. Es ist indessen möglich, dass ein primär *temporaler* Integrationsmechanismus solche Probleme umgehen und im Effekt auch die spatial unterschiedlichen Analyseergebnisse zusammenführen würde.

(e) Gedächtnis und Zeiterfahrung

Indem der temporale Integrationsmechanismus neuronale Aktivitätsmuster aufrecht erhält und so das Vergangene mit der Gegenwart verknüpft, bildet er eine Brücke von gegenwärtigen Vorstellungen zu vergangenen und könnte auf diese Weise zum Arbeitsgedächtnis beitragen. Wahrscheinlich gelangen ins Gedächtnis nur bewusste Erlebnisse, so dass der Integrationsmechanismus zumindest Voraussetzung auch längerfristiger Gedächtnisbildung wäre. Da unsere Erinnerungen uns als innere phänomenale Welt entgegentreten, müssen sie in einer Form aufbewahrt sein, die temporalen Integrationsvorgängen zugänglich ist und beim Aufrufen diesen im Ergebnis gleicht. Man wird annehmen dürfen, dass die aufgespeicherten Erinnerungen die Kontinuitätsinformation enthalten, die sie mit vorangehenden oder nachfolgenden Momenten verknüpfen, möglicherweise in ganz ähnlicher Weise, wie die Phaseninformation eines Hologramms die Rekonstruktion eines dreidimensionalen Bildes gestattet – was überdies auch das Auffinden konsekutiver Erinnerungen erleichtern würde. Ein wesentliches Element gedächtnishafter Speicherung von Erinnerungen könnte somit sein, dass jene sich lediglich auf die zwischen konsekutiven Momenten als gleich identifzierten neuronalen Muster bezieht, sozusagen also auf das Interferenzbild zweier Muster, das durch die Qualia symbolisiert wird. Hierdurch würde der Speicherungsaufwand wahrscheinlich nicht unerheblich reduziert, ganz ähnlich wie bei Datenkompressionsalgorithmen, die etwa beim Speichern großer Bilder auf Computern zum Einsatz kommen. Und ganz ähnlich wie beim Interferenzbild eines Hologrammes würde der Mechanismus des sich Erinnerns zur Rekonstruktion der ursprünglichen Informationen führen, allerdings, anders als bei tatsächlichen Wahrnehmungen, nicht mehr in verschieden interpretierbarer – auf alternative Weise temporal integrierbarer (wie z.B. bei Vexierbildern, siehe nächstes Kapitel) –, sondern in eindeutiger Weise, weil das Symbol bereits vollzogener Bindung gespeichert würde. Tatsächlich sind Erinnerungen zumeist nicht so deutlich wie aktuelle Wahrnehmungen; darüberhinaus scheinen den gedächtnishaften Qualia gewisse Aspekte zu fehlen. So tut der erinnerte Schmerz nicht mehr weh, und wenn wir uns des Hungergefühls wiedererinnern, fühlen wir uns nicht abermals hungrig. Insbesondere scheinen die erinnerten Qualia gewisser handlungsauslösender Komponenten beraubt zu sein – was sinnvoll ist, da sonst unser Handeln durch unsere Erinnerungen gehörig durcheinander gebracht würde. Die Analyse gedächtnishaft gespeicherter Qualia könnte sie demnach in ihrer phänomenalen Reinform darstellen und diejenigen nichtphänomenalen Aspekte absondern helfen, die lediglich Handlungsdispositionen entsprechen.

Diese Überlegungen zum Gedächtnis führen schließlich zum Problem der Zeitwahrnehmung bzw. der mentalen Zeitmessung. Für weiter zurückliegende Ereignisse möge die zeitliche Kolokalisation mit bekannten Ereignissen eine Rolle spielen, gleichfalls möglicherweise eine Zuordnung zu einem irgendwie gemessenen biographischen Alter. So können wir leicht einschätzen, ob ein erinnertes Ereignis sich vor etwa einer Woche oder einem Jahr ereignet hat, und ein Kriterium dieser Unterscheidung könnte schlichtweg das zunehmende Vergessen von Details, das "Verblassen" von Erinnerungen sein. Im Zusammenhang mit einer Abfolge bekannter zeitlicher Daten könnte so eine ungefähre biographische Einordnung konstruiert werden, und zwar auch in Fällen, in denen das Verblassen in unterschiedlichem Maße eingesetzt hat. Der Detailreichtum einer Erinnerung kann hier schließlich kein alleiniges Kriterium sein, da sonst weniger aufmerksam erlebte Ereignisse generell in weitere temporale Entfernung projeziert würden und mithin ihr Zeitbezug verloren ginge.

Das wesentlich interessantere Problem betrifft die Zeiterfahrung im Moment der Wahrnehmung. Woher die Gewissheit, dass überhaupt Zeit vergeht? Woher das Wissen um die Richtung der Zeit? Offensichtlich spielt hier die temporale Integration eine Rolle, denn die Erfahrung, dass eine Veränderung sich in der Zeit vollzieht, setzt voraus, dass eine Spur der vorherigen Wahrnehmung in der gegenwärtigen noch vorhanden ist. Die temporale Integration generiert diesen Zusammenhang durch den Aufweis des Gleichen im sich Verändernden. Auf der Ebene des Gehirns könnte die postulierte Taktung eine Rolle spielen, und zwar sowohl was den Aufweis der Zeitrichtung als auch was die zeitliche Entfernung anbelangt. Werden mit zunehmender zeitlicher Entfernung weniger der aufrechterhaltenen neuronalen Muster in den Integrationsprozess einbezogen, so wäre ihre Anzahl pro Takt sowohl ein Maß für die Zeitrichtung als auch für die zeitliche Nähe unmittelbar vorausgegangener Muster. Umfasst indes die zeitliche Entfernung eine gewisse Anzahl von Takten, so könnte sie auf diese Weise nicht länger abgeschätzt werden, da der temporale Integrationsmechanismus inzwischen weiter vorangeschritten wäre und auch Muster, die ehedem aktuell waren, nun seltener pro Takt integriert würden, so dass der zahlenmäßige Unterschied schließlich verschwände. Die entsprechende zeitliche Entfernung würde ungefähr den zeitlichen Umfang des Arbeitsgedächtnisses markieren, und nach dem Übertritt ins Langzeitgedächtnis müsste die Kodierung der Zeitintervalle auf andere Weise erfolgen.

5. Erklärung bestimmter Eigenschaften des Bewusstseins

Der Mechanismus der temporalen Integration vermag zum Verständnis einiger bekannter Eigenschaften und Phänomene des Bewusstseins beizutragen, indem zwei Muster, um zeitlich integriert werden zu können, bestimmte Kriterien erfüllen müssen. So wird man insbesondere die Ähnlichkeit konsekutiver Muster voraussetzen dürfen, um überhaupt Kontinuität erzeugen zu können; weiterhin wird jede lokale Diskontinuität die Integration unterbrechen, wenngleich sie andererseits Aufmerksamkeit zu erregen vermag. Zu den mittels dieser einfachen Prinzipien erklärbaren Eigenschaften und Phänomenen des Bewusstseins gehören seine begrenzte Kapazität, die Aufmerksamkeit, das Alternieren von Vexierbildern, die binokulare Rivalität, visuelle Maskierung, Veränderungsblindheit und Phi-Effekt.

(a) Begrenzte Kapazität und Aufmerksamkeit

Der temporale Integrationsmechanismus verbindet einander abfolgende neuronale Muster, die den phänomenalen Objekteigenschaften zugeordnet sind und als in einem weiteren Sinne "gleichartig" oder "ähnlich" oder "zusammengehörig" identifiziert werden. Somit muss es neuronal verankerte Kriterien geben, die über die Integration entscheiden. Auf der Ebene der phänomenalen Objekte entsprechen sie Objekteigenschaften, die wir als bestimmte Farben, Klänge, Temperaturempfindungen unterscheiden bzw. identifizieren können. Beim Ton einer Violine mag es sich dabei beispielsweise um in bestimmten Intervallabständen parallel mit dem Grundton sich bewegende Obertöne handeln, deren Amplitude sich entsprechend der des Grundtons verändert, die somit gemeinsam gebunden und als Geigenklang erlebt werden. Beim Glockenton fassen wir die gemeinsam an- und abschwellenden Grund- und Obertöne als ein einziges Ganzes zusammen, das im Zeitverlauf gebunden und so zum gehörten Glockenton wird. Auf neuronaler Ebene handelt es sich um entsprechende Aktivitätsmuster, die durchaus in verschiedenen Gehirnbereichen vorliegen mögen, dort aber, möglicherweise aufgrund ihres parallelen Verlaufs oder anderer Ergebnisse neuronaler Analyse, mit dem jeweiligen vorigen Muster integriert werden. Auf welche Weise dies im Gehirn verwirklicht sein könnte, kann nicht durch philosophische Spekulation, sondern allein durch naturwissenschaftliche Analysen des Zeitverlaufs neuronaler Interaktionen ergründet werden.

Ein wichtiger Aspekt besteht jedoch sicherlich in gewissen, im Gehirn präformierten Identifizierungskriterien, die festlegen, welche konsekutiven neuronalen Muster integriert werden können und sollen. Betrachten wir nicht mehr den isolierten Geigen- oder Glockenton, so wird dies deutlicher. Denn auch innerhalb eines Orchesterstückes, also eines Tongemisches, gelingt es uns in vielen Fällen, der Melodie etwa der Solovioline zu folgen; innerhalb der Streichergruppe indes vermögen wir die individuelle Geige nicht herauszuhören, und häufig gelingt es auch nicht, Geigen und Bratschen voneinander getrennt wahrzunehmen, wofern deren Melodiebewegungen parallel verlaufen. Welche Muster also integriert werden, ist nicht zufällig, sondern folgt gewissen Regeln. Wäre dies anders, so vermöchten wir in Ton-"Clustern" harmonische Akkorde und Melodien, in weißem Rauschen, einem Gemisch aller möglichen Frequenzen, gar *ad libitum* vollständige Symphonien herauszuhören.

In der phänomenalen Welt treten bestimmte Objekte also vor einem undeutlichen Hintergrund heraus, werden bemerkt. Tatsächlich messen zahlreiche Experimente zum Bewusstseinsmechanismus in Wirklichkeit das Bemerken von Reizen. Zuweilen ist dies dadurch verschleiert, dass die Experimente ohne einen offensichtlichen Hintergrund operieren, vor dem die Gegenstände heraustreten und so die Aufmerksamkeit auf sich lenken; Heraustreten und Wahrgenommenwerden fallen dann zusammen, und die beteiligten Mechanismen können schwerlich voneinander geschieden werden. Somit ist nicht klar, ob der unbemerkte Hintergrund bereits in Form von Qualia vorliegt oder ob die Qualia erst zeitgleich mit dem Bemerken entstehen. Das von Dennett herangezogene Experiment zur Veränderungsblindheit scheint für die letztere Hypothese zu sprechen, ebenso ein anderes, häufig zitiertes Experiment, bei dem ein die Ballwürfe einer Gruppe Baskettballspieler zählender Beobachter übersieht, wie ein als Gorilla verkleideter Mensch die Szenerie durchquert[20]. Dennoch wird der Hintergrund nicht als leer, farblos oder dunkel erlebt, sondern durchaus als ein kontinuierliches Phänomen. Eine gewisse temporale Integration scheint sich also auch im Hintergrund zu vollziehen, wenngleich sie undeutlich bleibt und möglicherweise nur wenige Informationen des mit Aufmerksamkeit betrachteten Vordergrunds einbezieht, möglicherweise auf ähnliche Art, wie die vom blinden Fleck unserer Netz-

---

[20] beschrieben in: Simons DJ, Chabris CF (1999) Gorillas in our midst: sustained inattentional blindness for dynamical events. Perception 28: 1059–1057.

haut verursachte Wahrnehmungslücke aufgefüllt wird und dadurch unbemerkt bleibt.

Gut erklären ließe sich die Aufmerksamkeit, also das Fokussieren auf nur einen Teil der Welt unter Vernachlässigung des Hintergrundes, durch eine begrenzte Kapazität des Integrationsmechanismus, die anzunehmen auch naheliegt in Ansehung des neuronalen Aufwands, den solch ein Mechanismus vermutlich mit sich bringt. So deutet ja die von Dehaene beschriebene neuronale Signatur des Bewusstseins darauf hin, dass der Bewusstseinsmechanismus das Gehirn über ein längeres Zeitintervall weitläufig in Anspruch nimmt. Die Aufmerksamkeit auf bestimmte Gegenstände lässt diese also im vollen Reichtum ihrer phänomenalen Eigenschaften hervortreten, und die temporale Integration der assoziierten neuronalen Muster spiegelt gewisse Aufmerksamkeitskriterien wider, wie im Visuellen etwa Kontrast, ähnliche Helligkeit und spektrale Eigenschaften sowie deren parallele zeitliche Veränderung, Kanten, Gesichter, plötzliche Farb-, Kontrast- oder Konturänderung, usw. Die Begrenztheit der Kapazität des Bewusstseins, dass wir also nicht auf beliebig viele Gegenstände gleichzeitig aufmerksam sein können, könnte dadurch erklärt werden, dass der einmal in eine temporale Bindung einbezogene Integrationsmechanismus nicht zugleich für eine alternative, parallele Integration diskontinuierlicher Merkmale zur Verfügung steht. Dies scheint sogar der Fall zu sein, wenn es sich um verschiedene Sinnesqualitäten handelt. Konzentriere ich mich auf ein Gespräch, bemerke ich oft nicht, was sonst um mich herum geschieht, es sei, dies erheischt plötzlich meine Aufmerksamkeit – worauf ich dann allerdings dem Gespräch nicht mehr recht zu folgen vermag.

Eine Herausforderung dieser Hypothese stellen gewiss Menschen mit Savant-Syndrom dar, zuweilen als "Inselbegabte" bezeichnet, und unter ihnen jene, deren Erleben viel detailreicher als das gewöhnlicher Menschen scheint und die etwa aus dem Gedächtnis einmal gesehene Stadtpanoramen beinahe photographisch genau zu zeichnen vermögen. Die dem Savant-Syndrom zugrunde liegenden neurologischen Mechanismen sind noch weitgehend unverstanden[21]. Hier könnte man annehmen, dass die Kapazität des temporalen Integrationsmechanismus, möglicherweise infolge weiter reichender neuronaler Vernetzungen, oder aufgrund des Einbeziehens einer höheren Anzahl konsekutiver neuronaler Muster, stark erhöht ist. Eine alternative Erklärung könnte darin bestehen, dass im Gehirn der Savants der Integrationsmechanismus auf eine frühere, noch reichere Stufe neuronaler Verarbeitung angewandt wird. In beiden Fällen wäre die temporale Integration Voraussetzung des Übertritts der Wahrnehmungen ins Gedächtnis. Vielleicht stehen die Gedächtnisinhalte dem Integrationsmechanismus aber auch in anderer Form zur Verfügung, und der Detailreichtum entspräche somit eher eine Leistung des Sichwiedererinnerns als der gegenwärtigen Wahrnehmung?

(b) Vexierbilder

Die begrenzte Kapazität des temporalen Integrationsprozesses liefert auch eine Erklärung für die bloß in Alternativen mögliche visuelle Interpretation von Vexierbildern oder des Necker-Würfels. Das ausgewählte Alternativbild wird als

---

[21] Übersicht in: Treffert DA (2014) Savant syndrome: realities, myths and misconceptions. J Autism Dev Disord 44: 564–571.

zeitlich kontinuierlich wahrgenommen, da bestimmte Merkmale temporal integriert werden und die alternativen Merkmale in diesen Integrationsprozess nicht einbezogen werden können, weil sonst die Kontinuität unterbrochen wäre. Bei komplexeren Vexierbildern wird dieser Prozess darüberhinaus sicherlich von Mustererkennungsmechanismen bestimmt, die festlegen, welche konsekutiven neuronalen Muster gebunden werden, um dann eine Interpretation des Gesehenen zu erlauben. So neigen wir beispielsweise dazu, in unklaren Strukturen (z.B. in Wolken am Himmel) Gesichter aufzufinden, somit beeinflussen die hierbei angewandten Kriterien sicherlich die temporale Integration. Beim Neckerwürfel bezieht sich die temporale Integration auf die dreidimensionale Gestalt, die dem zweidimensionalen Objekt zugeordnet wird; dies kann jedoch auf zwei alternative Weisen vollzogen werden, und nur jeweils eine der beiden Interpretationen kann temporal integriert werden. Ähnliche Effekte lassen sich leicht mittels Bildbearbeitungsprogrammen auf dem Computermonitor untersuchen, indem man unterschiedliche Bilder mit einer gewissen Transparenz versieht und überlagert; auch hier gelingt es teilweise, die alternativen Strukturen gesondert wahrzunehmen, wenngleich es Bildregionen gibt, die uneindeutig bleiben und eine Trennung der Interpretationen nicht mehr ermöglichen. Dies spricht ebenfalls dafür, dass sich die temporale Integration zunächst an bestimmten Erkennungskriterien orientiert und, wo dies misslingt, sich anhand anderer zeitlicher Kontinuitätskriterien vollzieht.

(c) Binokulare Rivalität

Werden rechtem und linkem Auge gleichzeitig jeweils verschiedene Bilder präsentiert, so ist stets nur eines der beiden Bilder bewusst, aber nach einiger Zeit kommt es unwillkürlich zum Wechsel, und das andere rückt in den Focus – so als stritten sich die beiden Bilder fortwährend um den begrenzten "Platz im Bewusstsein". Dieses Phänomen wird daher als binokulare Rivalität bezeichnet, und es könnte im temporalen Integrationsmechanismus begründet liegen, insofern nämlich die temporale Bindung des einen Bildes diejenige des anderen ausschließt bzw. nicht mit ihr kompatibel ist, da die jeweiligen neuronalen Muster einander zu unähnlich sind. (Beim gewöhnlichen beidäugigen Sehen sind die Bilder, und somit die assoziierten neuronalen Muster, einander ähnlich bzw. deckungsgleich.) Auch hier stellt sich die Frage, ob das nicht-bewusste, also nicht temporal integrierte Bild in Form von Qualia vorliegt oder ob diese zugleich mit der Zuwendung der Aufmerksamkeit, dem Bemerken des Bildes entstehen. Tatsächlich konnte durch Messung der durch das jeweilige Bild hervorgerufenen neuronalen Erregung gezeigt werden, dass die binokulare Rivalität aufgehoben wird, sobald die Aufmerksamkeit auf keines der beiden Bilder gerichtet ist; die Kriterien, die die Aufmerksamkeit bestimmen, organisieren wahrscheinlich auch die temporale Integration.

Bei der binokularen Rivalität scheint es sich um eine artifizielle Situation zu handeln, und es stellt sich die Frage, inwiefern hieraus tatsächlich etwas über die grundlegenden Bewusstseinsmechanismen gelernt werden kann. Wie vermutlich jeder Bogenschütze weiß, wird im Alltag eines der beiden Augen bevorzugt verwendet: Blicken wir beispielsweise durch die kleine dreieckige Öffnung, die wir zwischen unseren sich überkreuzenden Handflächen und Daumen mit ausgestreckten Armen erzeugen, zunächst beidäugig auf ein bestimmtes Objekt, so führt einzig das Schließen des bevorzugten Auges zu einer parallaktischen Verschiebung und Verdeckung des Objekts; schließen wir hingegen das nicht bevorzugte Auge, so erscheint die Position des Objekts unverändert. Somit wird das nicht bevorzugte Auge nicht zum Sehen der Objekte, sondern wohl hauptsächlich zur Detektion der Raumtiefe und Entfernung herangezogen; eine abwechselnde Rivalität der beiden Bilder findet nicht statt. Dennoch könnte der binokulare Rivalitätsmechanismus in Situationen von Bedeutung sein, in denen, beispielsweise infolge eines herabhängenden Asts oder eines anderen Hindernisses, die Sicht des bevorzugten Auges behindert wird.

(d) Visuelle Maskierung, Veränderungsblindheit und Phi-Effekt

Ein in der Bewusstseinsforschung zur Analyse subliminaler Wahrnehmungsprozesse herangezogenes Phänomen ist die visuelle Maskierung. So vermag ein Bild die Wahrnehmung eines zuvor sehr kurz gezeigten und anderweitig wahrnehmbaren Bildes auszulöschen, wenn zeitlicher Abstand und die jeweilige Präsentationsdauer richtig gewählt sind; wesentlich ist, dass das auszulöschende Bild sehr kurz, weniger als 50 ms gezeigt wird. Das ausgelöschte bzw. maskierte Bild initiiert dann neuronale Prozesse im visuellen System, die jedoch nicht für eine bewusste Wahrnehmung ausreichen, und anhand des Unterschieds zu den bei bewusster Wahrnehmung vorliegenden neuronalen Prozesse versucht man die spezifisch am Bewusstsein beteiligten Prozesse aufzuklären. Bei diesem Effekt könnte die temporale Integration des ausgelöschten Bildes noch nicht zustande gekommen sein, so dass der Integrationsmechanismus die vom nachfolgenden, maskierenden Bild hervorgerufenen Muster einbezieht, weshalb dieses sichtbar wird, nicht jedoch das maskierte.

Ein weiteres, durch Unterbrechung des temporalen Integrationsprozesses erklärbares Phänomen ist die in Kapitel 4 beschriebene Veränderungsblindheit. Wesentlich ist hier die kurze Präsentation eines zumeist homogenen Zwischenbildes, welches die in die temporale Integration des vorigen Bildes einbezogenen neuronalen Prozesse unterbricht. Größere oder kleinere Veränderungen (fehlende, verschobene, hinzutretende oder andersfarbige Objekte) im folgenden Bild werden dann nicht sogleich sichtbar, da dessen temporale Integration erneut initiiert wird, ohne auf die zuvor erfolgte Integration Bezug nehmen zu können. Fehlt das Zwischenbild, so lenkt die lokale temporale Diskontinuität die Aufmerksamkeit auf die Veränderung, die sogleich bemerkt und deren temporale Integration reorganisiert, das bedeutet qualiahaft erlebt, wird. Wie bereits erwähnt, betrifft die Veränderungsblindheit eher das Bemerken der Veränderung, ist also ein Problem der Aufmerksamkeit. Deutlich wird dies aus Experimenten, in denen Veränderungsblindheit nicht durch ein komplettes gleichfarbiges Zwischenbild hervorgerufen wird, sondern durch Präsentation kleinerer, fleckenartiger oder rechteckiger Flächen auf der Bildfläche, die der Veränderung des Bildes unmittelbar vorausgehen. Diese lenken die Aufmerksamkeit ab, so dass die eigentliche Veränderung auf dem Bild nicht bemerkt und die temporale Integration nicht reorganisiert wird.

Der sogenannte Phi-Effekt tritt auf, wenn zwei benachbarte Lämpchen unterschiedlicher Farbe in schneller Folge abwechselnd aufleuchten. Der Wechsel wird dabei als kontinuierliche Bewegung eines einzigen Lämpchens erlebt. Erstaunlicherweise scheint das scheinbar sich bewegende Lämpchen *während* der Bewegung die Farbe zu wechseln, und zwar geht die Farbe in die des darauf folgenden Lämpchens bereits über, noch ehe dieses aufleuchtet. Hier scheint also das Bewusstsein irgendwie verzögert zu entstehen und die spätere Farbe nachträglich einzubeziehen. Auch hier könnten temporale Integrationsprozesse eine Rolle spielen. Zunächst könnte der kurze Zeitabstand eine temporale Integration beider Lämpchen initiieren, die sich an Form und Helligkeit orientiert und infolge des Positionsunterschiedes als Bewegung erlebt würde. Gleichzeitig entstünde ein Konflikt hinsichtlich der Farbinformation, so dass die später aufleuchtende Farbe möglicherweise mit der vorigen (der im Integrationsprozess höheres statistisches Gewicht zukommt) gebunden würde, wodurch ein kontinuierlicher Übergang generiert würde. Hier ist noch anzumerken, dass das überaus selten beobachtete Phänomen der Bewegungsblindheit (Akinetopsie), also das durch Hirnschädigungen verursachte Unvermögen, Bewegungen visuell in Form flüssiger Übergänge wahrzunehmen, auf einen spezifischen neuronalen Mechanismus der Bewegungserkennung hindeutet, dessen Störung auf der Unfähigkeit zur temporalen Integration von Bewegungen beruhen könnte. Interessanterweise trat bei einer sehr genau untersuchten Akinetopsie-Patientin kein Phi-Effekt auf; stattdessen wurden lediglich die beiden aufleuchtenden Lämpchen bemerkt[22].

[22] zusammengefasst in: Zihl J, Heywood CA (2015) The contributi-

Dies könnte darauf hindeuten, dass bei der Bewegungserkennung, ganz ähnlich wie bei der Farbwahrnehmung, spezifische Bewegungsneurone die zwischen konsekutiven Momenten gleichen bewegungsassoziierten neuronalen Muster erkennen und so die temporale Integration auf die Abfolge der assoziierten neuronalen Muster lenken.

Derartige Wahrnehmungsphänomene, sowie theoretische Überlegungen, haben Daniel Dennett veranlasst, eine "Multiple Drafts"-Theorie des Bewusstseins zu formulieren, wonach das Gehirn kontinuierlich mehrere Repräsentationen des sinnlich Erfahrenen entwirft und wieder verwirft, um sie durch jeweils neuere Entwürfe ("Drafts") zu ersetzen; erst im Prozess des Wahrnehmens, das einem momentanen Abfragen – oder einer gegenwärtigen Messung – gleicht, kommt der aktuelle, mit den Sinnesdaten kompatible Entwurf zum Einsatz. Das Konzept der temporalen Integration wäre mit diesem theoretischen Ansatz insoweit vereinbar, als die Integration fortwährend, möglicherweise in einem bestimmten Takt, generiert wird und eine Integrationsunterbrechung zu jeweils neuen "Entwürfen" führen würde. Im Unterschied zur Theorie der temporalen Integration bietet Dennetts Theorie jedoch keine Erklärung der Qualia und muss deren Existenz folgerichtig negieren.

---

on of LM to the neuroscience of movement vision. Front Integr Neurosci 9:6.

6. Zur Funktion des Bewusstseins

(a) Zur Funktion der temporalen Integration

Was könnte nun die Funktion des Bewusstseins sein? Inwiefern wäre beispielsweise ein gedachter Zombie benachteiligt, der nicht über einen Bewusstseinsmechanismus verfügte? Um Zirkularität des Arguments zu vermeiden, soll hier ausdrücklich nicht der in Kapitel 2c kritisierte, philosophische Zombie angenommen werden, der sich in allem genauso verhält wie ein gewöhnlicher Mensch und lediglich kein Bewusstsein hat. Der nun angenommene Zombie soll hingegen nur über *beinahe* alle Fähigkeiten eines gewöhnlichen Menschen verfügen, denn im Unterschied zu diesem soll sein Wahrnehmungsapparat ohne temporale Integration operieren. Würde er sich wirklich genauso verhalten können wie ein normaler Mensch? Würde er beispielsweise, falls er einen Zahnschaden anders als anhand von Zahnschmerzen feststellen würde, einen Termin mit dem Zahnarzt vereinbaren können und den Weg durch die Stadt zur Praxis finden[23]?

Weil der temporale Integrationsmechanismus erst eine phänomenale Welt erzeugt, in der Objekte kontinuierlich als die selben erfahren werden, müsste der Zombie sich in jedem Augenblick erneut orientieren, das heißt sich seiner Umgebung immer wieder versichern. Tatsächlich könnte er ja in jedem Moment alle Objekteigenschaften voneinander *unterscheiden*, da er über die entsprechenden sensorischen Mechanismen verfügt. Aber er wäre nicht in der Lage, aus diesen

---

[23] Der hypothetische Zombie soll hier ausdrücklich nicht als Gedankenexperiment, sondern der Illustration des möglichen Nutzens des Bewusstseinmechanismus dienen.

momentanen Unterschieden eine phänomenale Welt zu konstruieren, da er hierfür in den fluktuierenden Mustern konsekutiver Momente gleichartige Muster identifizieren müsste. Weil sich der Zombie lediglich in der diskontinuierlichen, gegenwärtigen Wirklichkeit befände, könnte er in jedem gegenwärtigen Muster wiederum nichts als ein Muster erkennen. Seine Welt könnte im geläufigen Sinne auch gar nicht als Welt bezeichnet werden; sie bestünde aus nacheinander sich präsentierenden Informationskomplexen, die je für sich analysiert werden müssten. Daher bedeutet ein temporaler Integrationsmechanismus, der im Wechsel der Zeit Ähnliches als das Selbe zu identifizieren vermag, eine sehr starke Vereinfachung der Wahrnehmung und folglich auch des Handelns. In Ermangelung dieser Vereinfachung würde dem Zombie tatsächlich die gegenständliche, uns gewöhnlichen Menschen kontinuierlich und qualiahaft gegebene, phänomenale Welt abgehen. Falls der Zombie den Weg zum Zahnarzt finden wollte, so bedeutete dieses Unterfangen für ihn sicherlich eine größere Schwierigkeit.

Insofern die Qualia also Ausdruck der temporalen Integration sind, ist die phänomenale Welt auch nicht lediglich ein Epiphänomen dunkler und stummer neuronaler Aktivität, sondern symbolisiert erst deren analytische Ergebnisse; die Qualia sind mit der erfolgten Integration, der Detektion gleichartiger Muster in der Abfolge der Muster, gleichbedeutend; der Ausdruck der temporalen Integration *ist* die phänomenale Welt. So bräuchte uns ein zeitlich kontinuierlicher akustischer Reiz möglicherweise nicht unbedingt als Klang zu erscheinen; aber wie könnten wir denn um ihn als etwas in der Dauer seines Bestehens Zusammengehöriges, Einheitliches wissen, würde er nicht *irgendwie* erscheinen? Die Qualia symbolisieren diesen temporalen Zusammenhang.

In der gewöhnlichen Sichtweise stellte man sich die phänomenale Welt gleichsam als ein Gemälde vor, dessen Vorlage eine Skizze der momentanen Aktivität neuronaler Bewusstseinskorrelate wäre. Die Frage stellt sich, wozu überhaupt das Gemälde, wenn doch die Skizze sämtliche Informationen bereits enthält? Wer wäre der Maler? Und für welchen Betrachter würde das Gemälde gemalt werden? Gemäß der Theorie der temporalen Integration enthält die einzelne Skizze jedoch noch überhaupt nicht die Informationen, die zur Erstellung des Gemäldes benötigt werden und die tatsächlich erst im mehreren Skizzen Gemeinsamen bestehen; das Gemälde entsteht erst durch die Kombination der vielen, nacheinander erstellten Skizzen, ist sozusagen das Ergebnis ihrer Überlagerung. In diesem Sinne ist das phänomenale Bewusstsein notwendig mit dem neuronalen Prozess der temporalen Integration verbunden und nicht lediglich ein kontingentes Epiphänomen. (Dennetts "Multiple Drafts" entsprächen den einzelnen Skizzen, von denen jedoch keines ein Gemälde ist. Da in seiner Theorie kein Gemälde vorkommt, wird ein solches auch als grundlegend falsches Konzept, als "Cartesian Theater" verworfen.)

Wie im folgenden Abschnitt gezeigt werden wird, fungiert die qualiahaft aufgeschlüsselte phänomenale Wirklichkeit als Substrat der Entscheidungen; der Entscheidungsmechanismus verwertet die temporal integrierten neuronalen Muster, als deren symbolische Darstellung er die phänomenale Wirklichkeit heranzieht.

(b) Rolle des Bewusstseins in der Auswahl der Handlung

Das Bewusstsein fällt nach dem Gesagten mit der phänomenalen Welt zusammen. Eingangs wurde das Bewusstsein indes als "Haben einer Welt" definiert. Dies "Habende" taucht in den bisherigen Überlegungen bislang noch nirgends auf. Wo also ist das *Subjekt*, als das wir uns erfahren? Hinsichtlich der äußeren phänomenalen Welt ist diese Frage sehr einfach zu beantworten. Hier zeigt sich das Subjekt in der *Perspektive*, die aus der Position des Leibes und seiner Sinnesorgane resultiert. Das Subjekt ist hier etwas ganz und gar empirisches. Aber die äußere Welt setzt sich in der inneren Welt der Gedanken und Vorstellungen fort, und hier gibt es keine Perspektive, sondern ein *Zentrum*, in dem Vorstellungen, Gedanken und äußere Welt zusammenzukommen scheinen. Dies Zentrum wird durch den temporalen Integrationsmechanismus konstituiert. Erkennbar wird dies darin, dass wir unserer äußeren Umgebung kaum mehr inne werden, sobald wir tief in Gedanken versunken sind; umgekehrt stören starke Wahrnehmungen das Nachdenken. Und ähnlich wie wir bei den Vexierbildern oder der binokularen Rivalität nur eines von beiden möglichen Bildern temporal zu integrieren vermögen, können wir nicht mehrere Gedanken gleichzeitig verfolgen und auch uns nicht zeitgleich verschiedene Dinge vorstellen. Somit resultiert aus der begrenzten Kapazität des temporalen Integrationsmechanismus, dass verschiedene Phänomene nicht parallel und unabhängig voneinander prozessiert werden, was mithin der Herausbildung eines mentalen Zentrums gleichkommt. Und dieses Zentrum wird, gleichfalls aufgrund der temporalen Integration, im Zeitverlauf als kontinuierlich, als mit sich selber identisch bleibend, erlebt.

Dies kontinuierliche, in der Wahrnehmung perspektivische Zentrum wird indessen erst dadurch zum *Subjekt*, dass es als ein Einheitliches in der phänomenalen Welt *handelt*; es ist ein *handelndes* Subjekt und nicht allein ein phänomenales Zentrum, denn als letzteres wäre es lediglich eine Art feststehender Zerrspiegel, ein Objekt einer phänomenalen Welt. In der äußeren Welt sind die Handlungen die Tätigkeiten des Leibes, in der inneren Welt die Gedanken. Die Reflektion der Wahrnehmungen und Vorstellungen, die auf ein inneres Subjekt hindeuten, sind somit seine Handlungen in der inneren phänomenalen Welt; in der äußeren Welt zeigt sich das Subjekt in den Handlungen seines Leibes. Ein Mensch mag infolge schwerer Hirnschädigung komplett bewegungsunfähig zu sein (Locked-in-Syndrom); erst wenn auch das innere Handeln ausbliebe, würde er aufhören Subjekt zu sein und wäre nur noch ein perspektivisches Zentrum.

Somit steht das Subjekt zwischen phänomenaler Welt und Handlung in derselben, ohne selbst als Phänomen in Erscheinung zu treten. Dass das Bewusstsein nicht lediglich ein Epiphänomen neuronaler Prozesse darstellt, wird hier abermals deutlich, und zwar in der Rolle, die ihm im Handeln des Subjekts zukommt. Hier ist die phänomenale Welt ein Kriterium bei der Auswahl der Handlung. Die Handlungen beziehen sich auf – und werden motiviert durch – Gegenstände und Situationen in der phänomenalen Welt. Der handelnde Leib ist gleichfalls Element der äußeren phänomenalen Welt. Nun könnte man vermuten, allein die neuronalen Aktivitäten, die durch Sinnesreize induziert werden, müssten prinzipiell ausreichend sein, die Handlungen zu veranlassen, da schlussendlich das Nervensystem in seiner Komplexität Wahrnehmung und Handlung mittels elektrischer Signale verknüpft. Phänomenale Welt und Handlung verhielten sich demnach zueinander wie Reiz und Reflex. Indes verkennt diese Ansicht zweierlei.

Erstens wird, wie oben dargelegt, die objekthafte phänomenale Wirklichkeit in all ihren Merkmalen erst durch den temporalen Integrationsprozess konstituiert. Erst durch den Bewusstseinsmechanismus entsteht die Umgebung, auf die unser Handeln sich bezieht und von der es seine Motivation erfährt. Auch unsere Gedanken und aufgerufenen Erinnerungen sind phänomenal gegeben, gehören zur inneren phänomenalen Welt, die ebenfalls durch temporale Integrationsprozesse erzeugt wird. Diese durch temporale Integration vereinfachte Welt, bzw. das neuronale Ergebnis des Integrationsmechanismus, ist das Substrat der Handlungsentscheidung. Würde das Handeln des Subjekts sich an momentanen neuronalen Mustern orientieren, so würde dieses dem besprochenen unbewussten Zombie entsprechen, der in seiner wechselnden Umgebung nicht das Konstante zu erkennen vermöchte. Gewiss wäre er ebenfalls zu sinnvollen Handlungen in der Lage, doch wäre der neuronale Aufwand hierfür ungleich höher, da in jedem Augenblick sämtliche, möglicherweise relevanten Parameter erfasst und neu bewertet werden müssten. Wir könnten den Zombie zwar als Subjekt bezeichnen, insofern er zumindest in der äußeren Welt zu handeln vermag; indes wäre er ein Subjekt ohne Bewusstsein und folglich auch ohne personale Kontinuität.

Zweitens ist die Verknüpfung zwischen Welt und Handlung deutlich weniger stereotyp als die zwischen Reiz und Reaktion beim Reflex. Ganz offensichtlich befindet sich ja nicht allein eine komplexe neuronale Verrechnungseinheit zwischen Welt und Handlung; die Elemente der Welt, die Handlungen motivieren, sind darüberhinaus vielfältiger als ein einfacher Reiz, und auch das Repertoire möglicher Handlungen übersteigt die simple reflektorische Antwort bei Weitem. In unserem alltäglichen Handeln könnte der Eindruck multipler Möglichkeiten des Handelns, mithin unsere Überzeugung, wir würden unsere Handlungen selber bestimmen, womöglich auf einer Illusion beruhen. Indes erweisen die grundsätzlichen experimentellen Bedingungen, unter denen das Bewusstsein erforscht wird, dass die Verbindung zwischen phänomenaler Welt und Handlung nicht starr, dass bewusste Wahrnehmung kein Epiphänomen, sondern entscheidend für die Auswahl der Handlung ist. Die Handlung ist hier der subjektive Bericht des Probanden, in Form verbaler Äußerung oder des Drückens eines Knopfs, mit der eine bestimmte Wahrnehmung angezeigt wird. Als etwas Stereotypes, in der Art eines Reflexes durch die Wahrnehmung nur Ausgelöstes, könnte der Bericht ja überhaupt keine Auskunft über das *bewusste* Erleben geben, sondern lediglich über die Detektion des Reizes, die ja ebensogut blind wie beim Reflex erfolgen könnte! In Wirklichkeit *muss* der Proband nicht berichten; er *soll* es. Sein Bericht ist eine der möglichen Handlungen in Ansehung der Wahrnehmung; der Bericht basiert auf einem *Entschluss*, und Basis des Entschlusses ist nicht ein gegenwärtiger *Reiz*, sondern die Reflektion der phänomenalen *Welt*, die mittels temporaler Integration aus den Reizen hervorgebracht wird.

Welches sind nun die Parameter, die den Entschluss beeinflussen? Es ist die äußere phänomenale Welt (hier: die Wahrnehmung); es sind "innere Gründe" (hier: das Behalten der Wahrnehmung im Gedächtnis sowie das Verstehen der

80

experimentellen Regeln); und es spielen gewiss verschiedene unbewusste Parameter eine Rolle, wie etwa die Neigung, den Experimentator nicht zu belügen und nicht unnötig seine Zeit zu verschwenden, vielleicht auch der stille Wunsch, bald nach Hause gehen zu können.

In ganz analoger Weise ist die phänomenale Welt, innere wie äußere, ein wichtiges Kriterium jedweden Handelns, und diese Welt ist gleichbedeutend mit den temporal integrierten neuronalen Mustern. Insbesondere beim Planen der Handlungen werden in Gedanken verschiedene Optionen betrachtet und unter Einbeziehung gemachter Erfahrungen durchgespielt; auch der gefasste Entschluss steht uns häufig als Vorstellung "vor Augen", ehe wir ihn ausführen. Dehaene beschreibt in seinem Buch "Consciousness and the brain", dass beispielsweise bei mehrstufigen arithmetischen Berechnungen bewusste Gedankenabfolgen unabdingbar sind und jene nicht unbewusst durchgeführt werden können. In gleicher Weise spielt die innere phänomenale Welt eine wichtige Rolle bei der Handlungsplanung, indem eine Abfolge von Vorstellungen durchdacht wird und als Parameter die Entscheidung beeinflusst. Die in die Handlungsauswahl einbezogenen neuronalen Prozesse sind demnach diejenigen, die die temporale Integration repräsentieren und somit den Qualia entsprechen. Das bedeutet aber, dass die phänomenalen Vorstellungen, also unsere bewussten Gedanken und Wahrnehmungen, die neuronalen Prozesse vertreten können, die das Handeln und auch das Denken (als inneres Handeln) bestimmen können, dass sie mithin die neuronalen Prozesse, die der wissenschaftlichen Wirklichkeit angehören, in der phänomenalen Wirklichkeit repräsentieren und kraft dieser Entsprechung kausal wirksam in Erscheinung treten.

Zwar laufen viele unserer Handlungen programmhaft ab und sind dabei kaum von Bewusstsein begleitet, so etwa bei sportlicher Betätigung, beim Spielen eines Musikinstruments oder beim Sprechen. Dennoch werden bestimmte durchlaufene Zwischenschritte oder erzielte Ergebnisse für die Modifikation der Handlungsprogramme in Ansehung der jeweiligen Situation herangezogen, oder adäquatere Handlungsprogramme werden im Bedarfsfall ausgewählt. Somit ist die phänomenale Welt nicht nur ein Parameter in der Handlungsplanung und der Entscheidung, sondern auch in der Durchführung der Handlungen. Kurz: Das Bewusstsein spielt eine wichtige Rolle bei der Auswahl der Handlung, und in der Tätigung dieser Auswahl manifestiert sich das Subjekt.

(c) Anmerkungen zum Problem der Willensfreiheit

In Zusammenhang mit der Auswahl der Handlungen taucht das Problem der Willensfreiheit auf. So beruht der Auswahlprozess letztlich auf neuronalen Mustern, gleichgültig, ob diese temporal integriert werden, um bewusst zu sein, oder ob manche von ihnen unbewusst bleiben. Da die neuronalen Vorgänge schlussendlich auf physikalischen Prozessen beruhen, die kausal miteinander verknüpft sind, scheint ein solches neuronales System deterministisch zu sein, und infolgedessen scheint der neuronale Entscheidungsmechanismus sich im Widerspruch zu befinden mit unserem Eindruck, aus freien Stücken handeln zu können.

Hier ist zunächst anzumerken, dass die häufig als Argument herangezogene "kausale Geschlossenheit" der physikalischen Wirklichkeit in Wahrheit keineswegs gewiss ist. So gibt es infolge der quantenphysikalischen Unbestimmtheit prinzipiell ein unvorhersehbares Moment in allen Vorgängen. Weiterhin gibt es zahlreiche chaotische Phänomene, wo die messtechnisch begründete Unbestimmtheit der Anfangsbedingungen zu nicht exakt vorhersehbaren Resultaten führt – geläufige Beispiele sind etwa die Berechnung von über mehrere Kugeln gehenden Stößen beim Billardspiel, sowie das Problem langfristiger Wetterprognosen. Zwar scheint die "kausale Geschlossenheit" gewährt zu sein, indem retrospektiv kausale physikalische Einflüsse deduziert werden *können*, somit jede physikalische Wirkung auch eine physikalische Ursache zu haben scheint. Indes kann, wenn die Anfangsbedingungen nicht exakt bekannt sind, auch nicht ausgeschlossen werden, dass unbekannte Faktoren das Ergebnis beeinflusst haben könnten. Da die letzteren nicht zwingend physikalischer Natur sein müssen, ist die "kausale Geschlossenheit" der physikalischen Wirklichkeit in solchen Fällen nicht gewiss. Um nun aber *Gedanken* als solche nicht-physikalische Faktoren ins Spiel zu bringen, müsste erst einmal gezeigt werden, dass Gedanken ohne Vermittlung des Körpers physikalische Wirkungen entfalten können. Dies ist bislang noch nicht gelungen, weshalb die "kausale Offenheit" gewisser physikalischer Abläufe eher probabilistisch, denn "parapsychologisch" zu verstehen ist. Zudem geht die Theorie der temporalen Integration davon aus, dass die innere phänomenale Wirklichkeit, zu der bewusste Gedanken gehören, notwendig mit bestimmten neuronalen Aktivitäten, nämlich der Identifizierung gleicher Muster in konsekutiven Erregungsmustern, verknüpft ist und folglich die Handlungsentscheidung über letztlich physikalische Interaktionen beeinflusst.

Nimmt man also, eingedenk solcher probabilistischer oder quantenphysikalischer Argumente, mit Recht an, in unseren

Entscheidungen spielten indeterministische neuronale Phänomene eine Rolle, so wäre für unseren Eindruck, aus freien Stücken handeln zu können, nichts gewonnen. Denn über den Zufall verfügen wir ja ebensowenig wie über kausal verknüpfte neuronale Prozesse. Sowohl deterministische als auch indeterministische Gehirnvorgänge scheinen der freien Auswahl der Handlungen zu widersprechen. Damit wird aber klar, dass wir mit dem Begriff Willensfreiheit in Wahrheit etwas gänzlich anderes meinen, nämlich Handlungen *bewusst* auswählen zu können. Alles, was unbewusst über unsere Handlungen bestimmt, sei dies deterministischer oder indeterministischer Natur, macht uns unfrei. Frei handeln wir, wo wir nach Abwägen von Gründen und Gegengründen uns zur Handlung entschieden haben.

Ist also eine solche bewusste Auswahl von Handlungen möglich? Ein Schwierigkeit, die hierbei aufzutreten scheint, beruht auf der stillschweigenden Annahme, dass der Auswahlmechanismus selber ein bewusster Vorgang sei. Dann nämlich stellt sich die Frage, welcher weitere bewusste Vorgang dieses bewusste Treffen der Auswahl determiniert habe, und welche Auswahl wiederum diese Auswahl, und so immer fort. Diesem unendlichen Regress kann man entgehen, indem man annimmt, dass die Auswahl selber auf einem unbewussten Prozess beruht, dessen Handlungsentscheidung durch das Abwägen bewusster Überlegungen moduliert wird. (Da die bewussten Überlegungen inneren Handlungen entsprechen, kommen sie gleichfalls im Rahmen unbewusster Entscheidungsprozesse zustande.) Mithin kann man sich die Auswahl der Handlung (die Entscheidung) in der Art eines blinden Algorithmus vorstellen, der verschiedene Handlungsoptionen in der Vorstellung bzw. den Gedanken vergleicht, indem er sie hinsichtlich gewisser Kriterien bewertet. Zu diesen Kriterien gehören unter Anderem die Konsequenz der jeweiligen Handlung (Führt die Handlung zu einem erstrebenswerten Ergebnis?), die Schwierigkeit der jeweiligen Handlung (Wie aufwendig ist die Handlung?), die Bewertung der Handlung selbst (Ist mir ihre Ausführung angenehm oder unangenehm?) etc. Diese Bewertungen sind selber aus erworbenen Prinzipien, aus unserer persönlichen Biographie sowie unserem Charakter gewonnen, resultieren somit selber nicht – oder bestenfalls nur indirekt – aus bewussten Prozessen. Dies bedeutet dann aber, dass der Vorgang des Treffens der Auswahl selber nicht bewusst zu sein braucht – allenfalls gehen bewusste Erwägungen in die Handlungsauswahl ein. Aus diesem Grunde könnte Freiheit besser als Möglichkeit der Auswahl von Handlungen in Ansehung bewusster Überlegungen verstanden werden. Indem wir Gedanken als innere Handlungen verstehen, gelten diese Überlegungen ebensogut für die Freiheit des Denkens.

Indes gehört zum Eindruck, frei und autonom zu handeln, nicht allein, dass bewusste Überlegungen zur Entscheidung beigetragen haben, sondern auch, sich selber als Urheber der Handlung zu fühlen. Zur Empfindung der Urheberschaft von Handlungen gibt es recht interessante psychologische Experimente, die beispielsweise untersucht haben, unter welchen Bedingungen Berührungen bzw. Bewegungen einer Gummihand als körpereigen bzw. selbstverursacht erlebt werden[24]. Andere psychologische Untersuchungen ergaben, dass eine

---

[24] Kalckert A, Ehrsson HH (2012) Moving a rubber hand that feels like your own: A dissociation of ownership and agency. Front Hum Neurosci 6: 40.

Handlung um so eher als selbstverursacht empfunden wird, je mehr Handlungsoptionen offen stehen[25]. Demnach ist es nicht überraschend, dass eine durch einen neuronalen Algorithmus determinierte Handlung als selbstverursacht erlebt werden könnte. Bei Handlungen der inneren Welt scheint die Urheberschaft unzweifelhaft, denn jeder Gedanke wird für gewöhnlich der eigenen Denktätigkeit zugeschrieben, selbst wenn er als "Einfall" spontan aufgetaucht sein sollte; und doch gibt es psychiatrische Zustände, wo Gedanken als fremde, innere Stimmen wahrgenommen werden.

Ein wichtiger Punkt ist, dass zu den in die Auswahl der Handlung eingehenden Handlungsoptionen auch die Möglichkeit, *nicht* zu handeln, gehört. Deutlich wird dies abermals aus den Umständen der Erhebung des Berichts über Wahrnehmungen bei Experimenten zum Bewusstsein. Läge hier eine reflexartige Kopplung, das heißt die Unvermeidlichkeit des Berichts vor, so würde in Wahrheit nicht das Bewusstsein getestet, sondern allenfalls ein Reflex. Also muss die Option der Handlungsunterdrückung implizit gegeben sein. Die Entscheidung, in Ansehung einer Situation nicht zu handeln, ist etwas gänzlich anderes, als die Situation (bzw. deren handlungsmotivierende Aspekte) nicht wahrzunehmen; sie entspricht dem *kontemplativen* Bewusstsein, im Unterschied zu einem nicht reizbaren, inerten Zustand.

In der Kontemplation wissen wir um die phänomenale Welt, fühlen uns aber nicht motiviert, in ihr zu handeln. Das bedeutet, wir haben als Option das Nichthandeln ausgewählt. Für einen primitiven reizbaren Organismus wäre eine stereo-

---

[25] Barlas Z, Obhi SS (2013) Freedom, choice, and sense of agency. Front Hum Neurosci 7:514.

type Handlung, für einen komplexen Organismus *irgendeine* Handlung die normale Reaktion auf die Wahrnehmung eines Reizes. Die Auswahl der Nichthandlungsoption würde demnach einer Unterdrückung möglicher, erwogener Handlungen entsprechen. Diese Unterdrückung von Handlung kann aber auch sehr spezifische Handlungen betreffen, und es könnte sein, dass die Auswahl der Handlung in Wahrheit zu einem großen Teil in einer Auswahl der zu unterdrückenden Handlungen besteht. Tatsächlich sind solche Handlungsunterdrückungen Resultat der Erziehung – wir lernen, welche Handlungen adäquat und welche inadäquat sind – und wichtig beim Erlernen von Fertigkeiten, wie etwa sportlicher Übungen oder des Spiels eines Musikinstruments; selbst beim Zeichnen müssen Kinder lernen, nicht allein die gewünschten Linien zu Papier zu bringen, sondern auch abschweifende Linien zu vermeiden bzw. das Abschweifen zu unterdrücken.

Die in Kapitel 2b angedeutete, zweite Serie von Experimenten Benjamin Libets hat ergeben, dass unserem Entschluss zu einer motorischen Bewegung (Handbewegung) eine Gehirnaktivität (ein sogenanntes Bereitschaftspotential) vorausgeht, die überraschenderweise auch dem Bewusstwerden des Handlungsentschlusses zeitlich vorgelagert ist. Libets Experimente scheinen daher nahezulegen, dass der bewusste Entschluss selber in Wirklichkeit nicht handlungsauslösend, sondern epiphänomenal, ist – was bis zum heutigen Tage eine intensive philosophische und neurowissenschaftliche Diskussion angeregt hat. Zwar konnten Libets Befunde nur teilweise reproduziert werden[26]; dennoch kommen die meisten natur-

---

[26] siehe: Schlegel A, Alexander P, Sinnot-Armstrong W, Roskies A, Tse PU, Wheatley T (2013) Barking up the wrong free: readiness

wissenschaftlichen Studien zu dem Schluss, dass dem bewussten Entschluss zu handeln unbewusste neuronale Prozesse vorangehen, die indes möglicherweise durch bewusste Überlegungen beeinflussbar sind. Libet selbst nahm, ausgehend von eigenen Experimenten, an, dass das Bewusstsein mittels eines "Vetos" bereits angebahnte Handlungen unterdrücken könnte. Ein solches Veto entspräche der hier vorgeschlagenen Handlungsunterdrückung.

Nehmen wir das in diesem Kapitel vorgeschlagene Modell eines neuronalen Algorithmus zur Handlungsauswahl ernst, so verlieren Libets Experimente ihr Befremdliches. Zwar agiert der Algorithmus in der Tat unbewusst, doch orientiert er sich an bewussten Überlegungen, vorgestellten Handlungen sowie an persönlichen Einstellungen, die er bewertet und gewichtet. Dies erklärt, warum der unbewusste Entscheidungsprozess retrospektiv nicht unvernünftig erscheint und warum unsere Deutungen unserer Entscheidungsgründe für gewöhnlich nicht lediglich Konfabulationen sind, sondern die wirklichen Motive, liegen diese auch teilweise im Verborgenen, gut abbilden. Dies ist übrigens kaum anders, als wenn wir das Handeln *anderer* Menschen zu verstehen bzw. vorauszusagen trachten: Auch hier gehen wir, je nach den Umständen, von einer Verrechnung vernünftiger oder unvernünftiger Überlegungen, Charaktereigenschaften, möglicher Ziele und situativer Aspekte aus, die schließlich in einer bestimmten Handlung resultieren.

potentials reflect processes independent of conscious will. Exp Brain Res 229: 329-335.

7. Zusammenfassung und Schluss

(a) Bewusstsein als zeitliches Problem

Im Eingang dieser Abhandlung stand die Frage, mittels welcher Zutat ein Element der wissenschaftlichen Wirklichkeit, unser Leib, die phänomenale Wirklichkeit erzeugen könne. Beide Wirklichkeitsbereiche sind an den gegenwärtigen Augenblick gebunden; als wichtige Unterschiede zwischen beiden Wirklichkeitsbereichen stellte sich die zeitliche Diskontinuität der wissenschaftlichen und die zeitliche Kontinuität der phänomenalen Wirklichkeit heraus. Somit wurde als die Zutat ein Mechanismus postuliert, der in der diskontinuierlichen Gegenwärtigkeit zeitliche Kontinuität hervorzubringen vermag, und dies könnte ein Mechanismus leisten, der im zeitlich Wechselnden das Gleichartige identifiziert und auf diese Weise Vergangenheit und Gegenwart verknüpft. Symbole dieser Identifizierung sind die Qualia, und das Resultat erfolgter zeitlicher Integration ist die phänomenale Welt. Dabei wurde auch deutlich, dass, obgleich sich wissenschaftliche Messungen und phänomenale Welt in der Gegenwart befinden, eine punktuelle, unausgedehnte Gegenwart weder in der wissenschaftlichen noch in der phänomenalen Wirklichkeit aufweisbar ist; die absolute, als Ursprung der Wirklichkeit gedachte Gegenwart wäre transzendent. Dennoch ist die Gegenwartsdauer der wissenschaftlichen Wirklichkeit unmerkbar kurz, und jeder Gegenwartspunkt steht unverbunden neben dem vorherigen. Das Bewusstsein enthebt durch Erzeugung zeitlicher Kontinuität die Welt dieser flüchtigen Augenblicklichkeit, erzeugt Zeit als erlebte Dauer, indem es eine Brücke bildet zwischen Vergangenheit und je aktuellem Moment.

Es soll nicht verschwiegen werden, dass der Biologe Steven Bodovitz, von anderen Überlegungen ausgehend, ein ähnliches Konzept vorgeschlagen und auch mit neurobiologischen und kognitionswissenschaftlichen Daten unterfüttert hat[27]. Mehrere interessante Gedanken finden sich in seiner Theorie; dennoch gibt es gewichtige Unterschiede. So folgert Bodowitz aus den Libetschen Experimenten, dass die neuronalen Vorgänge, die zum Bewusstsein führen, diskontinuierlich sein müssen und Kontinuität durch temporale Vektoren zwischen den "Bewusstseinszyklen" generiert würde; diese Vektoren würden anhand der Unterschiede zwischen den Zyklen konstruiert. Bewusstsein definiert er als kontinuierliche Erfahrung, die disintegriert, sobald die temporale Integration der einzelnen Bewusstseinszyklen unterbleibt. Das phänomenale Bewusstsein basiere somit auf der Detektion von *Unterschieden* zwischen konsekutiven Bewusstseinszyklen.

Die in der vorliegenden Abhandlung aufgewiesene Diskontiunität ist eine viel prinzipiellere, denn sie resultiert grundsätzlich aus den Mess- bzw. Beobachtungsprozessen, auf denen die wissenschaftliche Wirklichkeit gründet. Auch muss die von Libet aufgewiesene Zeitverzögerung nicht notwendigerweise einen flaschenhalsartigen Prozessierungsengpass widerspiegeln, sondern könnte einfach auf der Zeitdauer der neuronalen Signalverarbeitung beruhen, die zur Erzeugung bewussten Erlebens erforderlich ist. Somit könnte die Verzögerung sich auch als kontinuierlicher Zeitversatz, und

---

[27] siehe: Bodovitz S (2008) The neural correlate of consciousness. Journal of Theoretical Biology 254: 594-598.

nicht als Abfolge diskontinuierlicher Bewusstseinszyklen, manifestieren. Ein weiterer wichtiger Unterschied besteht darin, dass die Theorie von Bodowitz die Qualia nicht erklärt, sondern voraussetzt. Unterbleibende Veränderung, mithin fehlende Unterschiede zwischen den Bewusstseinszyklen, würde mit der Zeit zum Verlöschen der Qualia führen. Solche Phänomene sind im visuellen System experimentell mittels blickfixierten Augen tatsächlich demonstriert worden, werden für gewöhnlich aber durch simple sensorische Adaptationsvorgänge erklärt. – In der hier vorgeschlagenen Theorie der temporalen Integration dagegen entstehen die Qualia gerade infolge der Identifizierung *gleichartiger* Muster in konsekutiven Momenten.

Das spezifisch Neue des in der vorliegenden Abhandlung vorgeschlagenen Bewusstseinsmechanismus ist somit der zeitliche Integrationsmechanismus, der auf einer Identifikation gleichartiger neuronaler Sub-Muster zwischen den konsekutiven Mustern beruht. Zwar ist der postulierte Mechanismus Ergebnis primär philosophischer Spekulation, doch könnte er dazu anregen, neuronale Funktionskreise zu identifizieren, die auf entsprechende Weise phänomenales Bewusstsein erzeugen. Da keiner der bislang vorgeschlagenen Bewusstseinsmechanismen das phänomenale Bewusstsein auch nur ansatzweise zu erklären vermag[28], scheint philosophische Überlegung hier statthaft und möglicherweise gewinnbringend.

---

[28] siehe: Aru J, Bachmann T (2015) Still wanted – the mechanisms of consciousness. Front Psychol 6: 1-3.

Eine wichtige Konsequenz des postulierten temporalen Integrationsmechanismus ist die notwendige Verknüpfung der Qualia mit neuronalen Prozessen. In bisherigen Theorien gleicht der Zusammenhang von Qualia und Gehirnvorgängen eher einer prästabilierten Harmonie; Qualia erscheinen als bloß epiphänomenales Beiwerk oder in dualistischer Sichtweise als Entitäten einer vollkommen andersartigen Wirklichkeitssphäre, die zwar mit Gehirnvorgängen verknüpft sind, aber nicht mit denselben interagieren können. Die zeitlichen Komponenten der Wahrnehmungsvorgänge sind bislang weitgehend ignoriert bzw. nur insoweit betrachtet worden, als sie in der synchronen Aktivität spatial verschiedener Neuronengruppen eine "bindende" Rolle spielen könnten. Und doch birgt die Zeit vermutlich den Schlüssel zum Verständnis des Zusammenhangs zwischen phänomenaler Wirklichkeit und neuronalen Prozessen. Der postulierte temporale Integrationsmechanismus nimmt die zeitliche Dimension der Wirklichkeit ernst und erklärt die Qualia als Symbole temporaler Musteridentifizierungen, gleichsam als die Etiketten, mit denen identische Muster im Strom der Zeit versehen worden sind. Es sind diese Etiketten, die die phänomenale Wirklichkeit konstituieren, in der das Subjekt handelt – in seiner inneren Welt, indem es plant, denkt oder träumt; in seiner äußeren Welt, indem es physisch tätig wird.

Zwar ist mit der Theorie der temporalen Integration die subjektive Erscheinungsweise der spezifischen Qualia – etwa der Unterschied zwischen Farb- und Klangqualia – noch nicht verstanden, aber mit der Erkenntnis, was Qualia ihrem Wesen nach sind, ist gleichsam eine Tür geöffnet, von der aus solches Verstehen gelingen könnte. So ermöglicht das visuelle System Unterscheidungen spektraler Reize, aber diese Abgrenzungen definieren noch nicht den positiven, phänomenalen Gehalt der unterscheidbaren Farben. Dieser Gehalt entspringt nicht den in die Unterscheidung involvierten neuronalen Erkennungsstrukturen, denn deren Erregung ist für die jeweilige Farbe eine blinde Kategorie. Der phänomenale Gehalt ist vielmehr das Symbol der positiven Identifizierung gleichartiger, durch den spektralen Reiz hervorgerufener neuronaler Muster in konsekutiven Momenten; das Quale erfüllt gleichsam den zeitlichen Leerraum zwischen den je augenblicklichen, negativen Unterscheidungskategorien.

(b) Tierisches Bewusstsein und Maschinenbewusstsein

Ist die Theorie der temporalen Integration korrekt, so gestattet der Aufweis neuronaler Strukturen, die eine temporale Integration bedingen könnten, auch Aussagen über mögliches Bewusstsein bei Tieren und anderen biologischen Systemen. Das menschliche Gehirn weist bekanntermaßen eine enorme Anzahl reziproker Verknüpfungen zwischen distinkten Neuronengruppen auf, und die so generierten Rückkopplungsschleifen, die in messbaren elektrischen Oszillationen resultieren, sind bislang mit Bindungsprozessen in Verbindung gebracht worden, die in bewussten kognitiven Prozessen eine Rolle spielen. Ebensowohl könnten sie indes mit der Aufrechterhaltung von Mustern im Zuge temporaler Mustervergleichungsprozesse in Zusammenhang stehen. Analoge neuronale Verknüpfungen wurden auch in den Gehirnen anderer Tiergruppen – Tintenfische, Vögel – aufgewiesen. Aber vielleicht orientieren sich die Untersuchungen zu tierischem Bewusstsein ohnehin bislang viel zu stark an der Anatomie des Gehirns von Säugern oder Wirbeltieren, und temporale Identifizierungsmechanismen könnten z.B. im Gehirn von Insekten auf anatomisch vollkommen andere Weise, möglicherweise auch auf früheren Ebenen der neuronalen Prozessierung, realisiert sein. Hier wäre an die zu komplizierten Flugmanövern fähigen Libellen, Wespen oder Dipteren zu denken[29], aber vielleicht auch unter den Arachniden an die Springspinnen, die ihre Beute sogar zu verfolgen vermögen. Es fällt angesichts dieses flexiblen und komplexen Verhaltens schwer, nicht anzunehmen, dass die Vertreter dieser Tiergruppen sich in einer wie auch immer gearteten phänomenalen Welt vorfinden.

Weiterhin könnten temporale Integrationsmechanismen auch mittels künstlicher Strukturen implementiert werden, beispielsweise mittels Halbleiter-Chips in Computern oder Maschinen. Wo immer zeitliche Integrationsmechanismen realisiert sind, könnte von einer, möglicherweise fremdartigen, rudimentären und bizarren phänomenalen Welt, mithin von Bewusstsein, ausgegangen werden. Bezögen sich solche Integrationsmechanismen auch auf die "inneren" Prozesse, so könnte sogar von einer inneren phänomenalen Welt, möglicherweise einem Subjekt, gesprochen werden. Sicherlich können der bewussten Wahrnehmung analoge, kognitive Leistungen auch auf völlig andere, unbewusste Weise verwirklicht werden. Der eingangs von Kapitel 6 erwähnte Zombie könnte durchaus auch ohne einen temporalen Integrationsmechanismus den Weg zum Zahnarzt finden, genauso wie

---

[29] Die Zusammensetzung der Komplexaugen dieser Insekten aus einer Vielzahl von Einzelaugen legt tatsächlich die Beteiligung basaler temporaler Integrationsmechanismen in der Erzeugung eines einheitlichen visuellen Bildes nahe, da sich ja die relative Position deckungsgleich bleibender Objekte sukzessive verschiebt.

ein Schachcomputer ja vollkommen anders operiert als das Gehirn eines Schachgroßmeisters, den letzteren aber durchaus im Schachspiel zu bezwingen vermag. Es steht jedoch zu vermuten, dass die Implementierung zu zeitlicher Integration geeigneter Mechanismen das Wahrnehmungsvermögen intelligenter Maschinen ökonomischer und effizienter gestalten würde, indem sie diesen ermöglichten, kontinuierliche Signale persistenten Objekten zuzuordnen, mithin ontologische Persistenz in epistemische Persistenz zu transformieren, kurz: sich ein Bild der Welt zu machen, das in einfacher Weise die Planung auch mehrstufiger Handlungen ermöglicht.

Dass es grundsätzlich möglich sein muss, Bewusstsein durch künstliche Prozesse zu erzeugen, wird durch folgende Überlegung deutlich. Und zwar könnte man sich vorstellen, dass bei einem Patienten nach einer Gehirnschädigung, beispielsweise infolge eines Schlaganfalls, die Funktion des geschädigten Areals durch einen angeschlossenen Computer ersetzt würde, dessen Schaltplan der neuronalen Verschaltung dieses Areals entspräche, der also eine Art Neuroprothese darstellte, die die beeinträchtigte Funktion soweit übernähme, dass der Patient wieder wie vormals zu handeln, denken und empfinden fähig wäre. Nun träte eine weiterer Schlaganfall auf, der einen weiteren engumgrenzten Hirnbezirk funktionsuntüchtig machte; auch dessen Funktion sollte durch einen Computer ersetzbar sein, und man würde erwarten, dass der daran angeschlossene Patient, abgesehen von dem Umstand, dass er verkabelt wäre, sich fühlen würde und handeln könnte wie vordem. Was nun, wenn die schrittweise Zerstörung des Gehirns unaufhaltsam voranschritte, so dass die sukzessiv angeschlossenen Neuroprothesen schlussendlich das gesamte Gehirn ersetzen würden? Müssten wir nicht annehmen, dass am Ende das Bewusstsein dieses Patienten, auch die Gesamtheit seiner Erinnerungen und Charaktermerkmale, in einer Maschine vorlägen? Dass diese Maschine mithin auch Gedanken hervorbringen und verstehen könnte? Die interessante Konsequenz hieraus wäre, dass eine rein syntaktisch operierende Maschine semantischen Gehalt erzeugen könnte – und ebendies müssen wir annehmen, wenn das Bewusstsein durch neuronale Schaltkreise und Prozesse erklärt werden kann.

(c) Körper und Seele

Was also erfahren wir durch die Theorie der temporalen Integration über den Menschen? Wir haben gesehen, wie die funktionale Erklärung der phänomenalen Wirklichkeit durch einen neuronalen Mechanismus zu einem Verständnis führt, wie unsere bewussten Vorstellungen und Überlegungen Handlungen auszuwählen und zu bedingen vermögen. Entscheidend hierbei ist, dass der phänomenale Gehalt der Wahrnehmungen und Vorstellungen im zeitlichen Vergleich konsekutiver neuronaler Muster enthalten ist, und dass es die entsprechenden temporalen Integrationsergebnisse sind, die das Handeln modulieren. Folglich können wir mit gewissem Recht die Konzepte der mentalen Verursachung und der Willensfreiheit anerkennen. Zwar fließen in unsere Entscheidungen auch unbewusste Parameter mit ein, und es ist unwahrscheinlich, dass wir uns völlig unabhängig von unseren biologischen Grundlagen zu entscheiden vermöchten; dennoch können bewusste Überlegungen, die von unseren Wahrnehmungen und Vorstellungen konstituiert werden, unsere Handlungen beeinflussen.

Dass, wie im vorigen Abschnitt gezeigt, die Theorie der temporalen Integration dafür spricht, dass der menschliche Geist durch eine Maschine nachgebildet werden könnte, impliziert zugleich, dass der Mensch grundsätzlich als eine biologische Maschine betrachtet werden kann. Diese Schlussfolgerung könnte weitreichende Konsequenzen für das Selbstverständnis des Menschen haben, die im Rahmen dieser Abhandlung jedoch nicht weiterverfolgt werden sollen.

Schließlich macht die Theorie der temporalen Integration, wie jede naturwissenschaftliche Erklärung des Bewusstseins, auch Aussagen zum Zusammenhang zwischen Körper und Seele. Der Begriff Seele ist sehr unscharf und von verschiedenen, historisch gewachsenen, religiösen und weltanschaulichen Konnotationen begleitet[30]. Man könnte unter Seele die Gesamtheit innerer Handlungen und Erinnerungen, möglicherweise unter Hinzuziehung biologischer und aus der Biographie erwachsener Charaktermerkmale eines Menschen, verstehen. Die inneren Handlungen und die Erinnerungen gehören zur phänomenalen Wirklichkeit, die auf dem temporalen Integrationsmechanismus fußt; somit ist zu deren Erzeugung die wissenschaftliche Welt, zu der die Funktionsweise des Nervensystems zählt, notwendig und hinreichend. Auch die biologisch bedingten und durch Erfahrung modulierten, nicht vom Bewusstsein bestimmten Charaktereigenschaften sind höchstwahrscheinlich in Funktionskreisen des Nervensystems niedergelegt. Also gibt es keine "Seelenbestandteile", die nicht neuronal verankert wären. Als Konse-

---

[30] siehe: Wulf C (1991) Präsenz und Absenz. Prozeß und Struktur in der Geschichte der Seele. In: Jüttemann G, Sonntag M, Wulf C (Hrsg.) (1991) Die Seele. Ihre Geschichte im Abendland. Weinheim: Psychologie-Verlags-Union.

quenz hieraus folgt, dass mit dem Vergehen des Körpers das Bewusstsein mit untergeht. Die Seele persistiert nicht nach dem Tode, da sie keine abgetrennte, ätherische Entität darstellt, die mit dem Gehirn zwar zu interagieren vermöchte, aber einer unabhängigen Seinssphäre angehörte. (Es wäre indes auch nicht klar, welcher Entwicklungsstufe des Geistes eine über den Tod hinaus persistierende Seele entsprechen sollte – ob dem unreifen Geist des Kindes, dem zu vielfältigen Kognitionsleistungen befähigten Geist des in seiner geistigen Blüte stehenden Erwachsenen, ob dem nachlassenden Geist des Greises.)

Das Aufhören des Bewusstseins ist gleichbedeutend mit der Aufhebung zeitlicher Kontinuität, ja der Zeit selber; der Tod ist die Auflösung des Subjekts und der Übertritt in die pure Gegenwart – wir müssen ihn nicht fürchten. Jedoch nimmt die Theorie der temporalen Integration uns gleichzeitig auch jede Hoffnung, und den Trost, den wir hieraus schöpfen können, dass unsere Seele, aber auch diejenige geliebter Menschen, nach dem Tode weiterexistieren könnte. Und als einzige diesbezügliche Hoffnung bleibt, dass wir uns mit dieser Theorie im Irrtum befinden könnten.

Zur Vertiefung empfohlene Literatur

Anders als in den Wissenschaften muss man in der Philosophie wichtige Gedanken selber entwickeln; es hilft wenig, von unterschiedlichen Denkern schon Gedachtes zusammenzutragen, dabei möglicherweise alte Irrtümer zu perpetuieren oder die Ergebnisse inkompatibler Denkansätze unhinterfragt miteinander zu kombinieren. In einem Grenzgebiet zu den Naturwissenschaften sind Zitate jedoch unvermeidlich, um die diskutierten wissenschaftlichen Erkenntnisse auch belegen zu können; das gleiche gilt für fremdes Gedankengut, das meistens nur verkürzt angerissen wird. Schließlich erleichtert das Verweisen auf die Abhandlungen anderer Denker auch die eigene Arbeit, da nicht jeder anderweitig schon sorgfältig herausgearbeitete Gedanke erneut detailliert ausgeführt zu werden braucht. Neben der zu diesen Zwecken im Text schon erwähnten oder zitierten Literatur habe ich mich von Zeit zu Zeit der beiden folgenden Bücher bedient, die eine ausgezeichnete Übersicht über den Stand naturwissenschaftlicher Bewusstseinsforschung sowie die Philosophie des Bewusstseins geben und auf die wichtigsten Primärquellen verweisen:

Blackmore S (2010) Consciousness. An introduction. (Second Edition). London: Hodder Education.

Ravenscroft I (2008) Philosophie des Geistes. Eine Einführung. Stuttgart: Reclam.

vom selben Autor erschienen:

Sternblaue Nacht • Gedichte

Philosophische Papierschiffchen • Gedanken zu Philosophie und Wissenschaft, Bewusstsein, Freiheit und zur Natur des Menschen

Das umgekehrte Auge • Sechs Erzählungen

Insel des Phönix • Gedichte

FSC
www.fsc.org

MIX

Papier | Fördert
gute Waldnutzung

FSC® C083411

Zeitfracht Medien GmbH
Ferdinand-Jühlke-Straße 7
99095 Erfurt, Deutschland
produktsicherheit@kolibri360.de